HERRSCHER

HÖFE

HINTERGRÜNDE

Herausgegeben von
Manfred Kossok

AM HOFE
Karls IV.

FRANTIŠEK KAVKA

Am Hofe
Karls IV.

DEUTSCHE VERLAGS-ANSTALT

STUTTGART

Übersetzung aus dem Tschechischen
von Rosemarie Borán

Frontispiz:
König und Königin von Böhmen mit Hofdamen.
Miniatur aus der »Goldenen Bulle« Wenzels IV., 1400.
Cod. 338, fol. 33ᵛ, Österreichische Nationalbibliothek, Wien

CIP-Titelaufnahme der Deutschen Bibliothek

Am Hofe Karls IV. [des Vierten]
František Kavka. [Übers. aus d. Tschech. von Rosemarie Borán].
– Stuttgart: Deutsche Verlags-Anstalt, 1990
NE: Kavka, František [Mitverf.]
ISBN 3-421-06522-5

©1989 Edition Leipzig
Lizenzausgabe 1990 für die
Deutsche Verlags-Anstalt GmbH, Stuttgart
Gestaltung: Matthias Dittmann
Karte: Matthias Weis
Lektor: Christina Müller
Hersteller: Gunther Zaspel
Gesamtherstellung: Druckerei Fortschritt Erfurt
Printed in the German Democratic Republic

INHALT

Meiner Frau Marie
in Dankbarkeit zugeeignet

EINLEITUNG

Als der Stiefbruder Karls IV., Herzog Wenzel von Luxemburg, im Jahre 1371 in die Gefangenschaft Wilhelms von Jülich geriet, zahlte der Kaiser für seine Freilassung 50 000 Gulden. Auf die verwunderten Fragen, warum er nicht seine militärische Macht einsetze, soll er geantwortet haben: »Schweigt, ihr Dummköpfe. Wenn ich den Krieg hätte weitergehen lassen, dann hätte mich das gewiß mehr gekostet. So aber ist es auch gut gegangen. Man soll die Ritterschaft so spät wie irgend möglich der Gefahr aussetzen.«

Zwar handelt es sich hierbei um eine Anekdote, aber sie stammt aus der unmittelbaren Umgebung des Herrschers und kommt sicher der historischen Realität sehr nahe. Gerade deshalb wirft sie Fragen auf, mit deren Beantwortung sich Biographen und Historiker bis heute beschäftigen: War Karl IV. ein »Friedensfürst« inmitten einer militanten feudalen Welt? Oder war er vielmehr nur ein »Kaufmann auf dem Thron«? Seine Entscheidung entsprach wohl kaum der Würde eines Herrschers des Heiligen Römischen Reiches, war doch der Gefangene Reichsvikar und sein Widersacher Karls Vasall. Wie ist dieses Handeln mit Karls großem staatsmännischem Werk und kulturellem Mäzenatentum in Einklang zu bringen?

Vielleicht rückt uns der Versuch, Karl IV. im Spiegel seines Hofes zu betrachten, den er – wie jeder Herrscher – nach seinen Bedürfnissen schuf, der Beantwortung dieser Fragen ein Stück näher. Darüber hinaus sagt ein Herrscherhof als bemerkenswertes Phänomen der Sozial- und Kulturgeschichte viel über die Gesellschaft der Zeit aus, über ihren Alltag, ihre Mentalität und Kultur. Wenn vom Mittelalter mitunter behauptet wird, es zeichne sich durch Farbe, Ton, Gestik und Ritual aus, so gilt dies in besonderem Maße für das Leben bei Hofe.

Es lohnt deshalb die Mühe, eine Rekonstruktion des Lebens am Prager Hof in seiner gesamten Breite, Vielfältigkeit und gesellschaftlichen Funktion zu unternehmen. Damit öffnet sich in gewisser Weise ein neuer Blick »von innen heraus« auf die außergewöhnliche Persönlichkeit Karls IV. und die Zeit, in der er lebte.

TRADITIONEN UND VORBILDER

Die Familientraditionen verbanden von jeher – im Mittelalter aber auf ganz besondere Art – die Herrscher mit der Vergangenheit; andererseits verpflichteten sie kommende Generationen, die Mission des Geschlechts in der Zukunft zu erfüllen.

Karl IV. fühlte sich mit den Traditionen dreier Geschlechter verbunden, und zu allen bekannte er sich. Im dritten Kapitel seiner Autobiographie »Vita Caroli IV. ab ipso conscripta«, die er zur Belehrung seiner Söhne schrieb, ist nachzulesen: »Ich wünsche nun, daß euch nicht unbekannt bleibe, daß der römische Kaiser Heinrich VII. meinen Vater, namens Johann, mit Margareta, der Tochter des Herzogs von Brabant, gezeugt hat. Dieser heiratete Elisabeth, die Tochter Wenzels II., des Königs von Böhmen, und erhielt mit ihr das Königreich Böhmen, weil der Mannesstamm in dem Königsgeschlechte der Böhmen erloschen war ... Diesem König Johann von Böhmen wurde von der Königin Elisabeth im Jahre 1316, in der ersten Stunde [nach heutiger Zählung: um 5 Uhr früh] des 14. Mai, zu Prag sein ältester Sohn, namens Wenceslaus, geboren.« So gehörte Karl IV. väterlicherseits zu den Luxemburgern, über seine Großmutter reichte die Linie bis zu Karl dem Großen, und die Mutter verband ihn mit den Přemysliden.

Bei den luxemburgischen Grafen war es üblich, die jungen Sprosse des Geschlechts zur Erziehung an den französischen Hof zu geben. Dies erfolgte nicht nur aus einer bestimmten kulturel-

Traditionen der Ahnen

Frankreich

len Orientierung, sondern auch auf Grund zahlreicher Lehensverpflichtungen und politischer Bündnisse mit dem französischen Herrscherhaus. So wuchsen Heinrich, sein Bruder Balduin und sein Sohn Johann in Paris auf. Es überrascht nicht, daß der böhmische König Johann auch seinen siebenjährigen Sohn Wenzel nach Paris sandte, der dort die folgenden Jahre (1323–1330) verbrachte. Die Stellung des Prinzen am Pariser Hof, der väterlichen Sparsamkeit wegen materiell keineswegs glänzend, war gesellschaftlich vorteilhafter als die aller übrigen Angehörigen seines Geschlechts vor ihm. König Johann gelang es nämlich, mit dem französischen Herrscherhaus engste verwandtschaftliche Bande zu knüpfen. Seine Schwester Marie verheiratete er mit Karl IV., dem Schönen (1322–1328), dem er auch die Erziehung des Prinzen anvertraute. Bei der Firmung nahm Wenzel den Namen seines Onkels »Karl« an, den er beibehielt als Symbol der Bindung an die Traditionen der französischen Könige und zugleich des römisch-deutschen Reiches. Der Vater verheiratete ihn mit Blanche von Valois, der Stiefschwester des späteren Königs Philipp VI., des ersten dieses Geschlechts auf dem französischen Thron.

9

In Paris gab es für Karl viel zu lernen. Im Hochmittelalter galt Frankreich in der westlichen Christenheit als Muster einer stabilen, blühenden Monarchie. Die französischen Herrscher hatten bereits im 13. Jahrhundert, insbesondere unter Ludwig IX., dem Heiligen, die Sakralisierung des Königtums bis zu einer Art Mythos von der Stellvertretung Christi auf Erden gesteigert. Sie nutzten dazu die unterschiedlichsten Mittel der Symbolik des katholischen Kults, des höfischen Zeremoniells und der beredten Sprache der höfischen Kunst. In Frankreich wurden erstmalig alle äußeren Attribute des Königtums entwickelt: Residenzstadt und Hof (in Paris), Metropolitan- und Krönungskirche (in Reims) sowie Grabkirche des Geschlechts (in Saint-Denis), wo Ahnenverehrung, verbunden mit Anbetung des Landespatrons, die Kontinuität der Herrschaft heiligte. Der Pariser Hof wurde zum Vorbild für alle anderen königlichen Höfe, sei es in England, auf der Pyrenäen- oder der Apenninenhalbinsel, in Skandinavien, Ungarn, Polen oder Böhmen. Letztlich war auch der päpstliche Hof in Avignon, den Karl mehrmals besuchte, im Wesen ein französischer Hof, wenn auch von besonderem Gepräge.

Italien

Seine Vorstellungen vom Hofleben entwickelte Karl in den Jahren 1331 bis 1333 in Italien weiter, wohin ihn der Vater als Statthalter sandte, um die luxemburgische Hausmacht auch auf die norditalienischen Signorien auszudehnen. Mehr als das Vorbild der städtischen Herrscherhöfe, an denen Luxus und Pracht in starkem Kontrast zu politischer Bedeutungslosigkeit standen, wog die Tatsache, daß Karl in Parma beinahe zweieinhalb Jahre lang einen eigenen, mehr oder weniger selbständigen Hof führte und bis ins einzelne das einzigartige Milieu, das er in den italienischen Städten jener Zeit vorfand, und auch die neuen geistigen Strömungen kennenlernte.

Luxemburg

Bei seinem kurzen Aufenthalt in Luxemburg und nachfolgend bei mehrfachen Besuchen in Trier erlangte Karl Einsichten in die Ziele, die sein Großonkel Balduin, der Erzbischof von Trier, als eigentlicher Begründer der luxemburgischen Hausmachtpolitik für das Geschlecht der Luxemburger verfolgte. Dieser machte ihn vertraut mit dem Ritterepos des Großvaters, Heinrichs VII., dargestellt in der ersten deutschen Bilderchronik. Auf lavierten Federzeichnungen waren hier nicht nur Heinrichs Romfahrt bis zu seinem tragischen Tod und das Grabmal in Pisa abgebildet, sondern auch die in Speyer erfolgte Vermählung des Kaisersohnes Johann mit Elisabeth aus dem Geschlecht der Přemysliden.

Böhmen

Die Traditionen der Dynastie mütterlicherseits lernte Karl erst nach seiner Rückkehr nach Böhmen im Jahre 1333 gründlich kennen. Seine Mutter Elisabeth lebte zwar nicht mehr, aber die Erinnerung an die Herrschaftszeit ihres Vaters, Wenzels II. (1283–1305), der sogar polnischer König geworden war und für kurze Zeit für seinen Sohn, Wenzel III., die ungarische Krone gewonnen hatte, erwies sich als noch recht lebendig. In Prag hatte Wenzel II. einen prächtigen Hof gehalten und beabsichtigt, hier eine Universität zu gründen. Er war ein generöser Mäzen führender deutscher Dichter und großzügiger Stifter, stellte Ordnung im Lande her und erließ Gesetze; in seinem Auftrag wurde in Kuttenberg mit Hilfe Florentiner Bankiers nach italienischem Vorbild eine wertvolle Silbermünze geprägt – der böhmische Groschen. In der Privatsphäre ein Mann von tiefer Religiosität, starb er im Ruf eines Heiligen.

Im Vergleich dazu war die Herrschaft von Karls Vater Johann eine Zeit der Unruhen und Wirrungen. Der erste Luxemburger wurde im böhmischen Milieu nicht heimisch. Auf Turnieren und Kriegszügen, ganz gleich, wo in Europa sie stattfanden, war er in seinem Element. Als wendiger Diplomat leistete er den französischen Verwandten wertvolle Dienste und verbrachte wiederholt mehrere Monate bei ihnen in Paris. Wenn er in Prag weilte, begnügte er sich mit einem seiner Häuser in der Prager Altstadt. Den Königspalast auf der Prager Burg – 1303 ausgebrannt – beließ er im Zustand einer Ruine. Die häufige Abwesenheit des Königs blieb nicht ohne Folgen im Lande: Die Autorität des Herrschers sank, und die Macht des tschechischen Adels wuchs in gefährlichem Maße an.

Der junge Thronfolger hatte rechtzeitig erkannt, daß er im Lande nicht als »hergelaufener« Fremdling herrschen konnte, wie es seinem Vater vorgeworfen wurde, sondern nur als Erbe der Přemysliden, als Fortsetzer des Werkes Wenzels II. Andernfalls wäre für die Luxemburger die Herrschaft über Böhmen und alle aus ihr entspringenden Vorteile verlorengegangen. Karl IV. nutzte seine in Frankreich gewonnenen Erkenntnisse und ging schnell an die Erneuerung der Monarchie. König Johann unterstützte ihn erst gegen Ende seines Lebens, am Vorabend des Kampfes um die römische Krone, die Karl als Kandidat der päpstlichen Kurie gegen Ludwig den Bayern anstrebte. Damals verstand auch er, daß allein das Königreich Böhmen den Schild darstellte, unter dem man sich zu einem so gefährlichen Unterfangen erkühnen konnte.

Bald nach seiner Ankunft im Lande veranlaßte Karl den Bau eines neuen Königspalastes auf der

Erfüllung der dynastischen Mission

Prager Burg. Auch die Krönungskirche sollte eine neue Gestalt erhalten. Im Jahre 1341 fiel so die Entscheidung über den Umbau des romanischen Doms des heiligen Veit zur Kathedrale: Als »Königskirche« sollte sie nach französischem Vorbild Macht und Beständigkeit der Königsherrschaft repräsentieren. Die feierliche Grundsteinlegung erfolgte erst drei Jahre später aus Anlaß der Erhebung des Prager Bistums zum Erzbistum. Das Recht zur Krönung der böhmischen Könige ging von diesem Zeitpunkt an dauerhaft vom Mainzer Erzbischof auf den Prager Erzbischof über.

Auf Initiative Karls sollte die Kathedrale auch wieder Nekropolis, königliche Begräbnisstätte, werden. Der St.-Veits-Dom hatte nun schon beinahe 100 Jahre lang diese Aufgabe nicht mehr erfüllt: Die letzten Přemysliden waren im Kloster Zbraslav begraben worden, und König Johann wählte als letzte Ruhestätte das heimatliche Luxemburg.

Für Palast, Krönungs- und Metropolitandom sowie Nekropolis als Attribute königlicher Macht im Sinne der französischen Monarchie war also gesorgt. Als Karl im Jahre 1346 zum Gegenkönig Ludwigs des Bayern gewählt wurde und durch den Tod des Vaters auf dem Schlachtfeld von Crécy das Königreich Böhmen erbte, war die Prager Residenz noch zu vollenden und der kleine, ständig reisende Hof König Johanns durch einen Hof zu ersetzen, welcher der neuerworbenen Würde entsprach.

DAS PROFIL DES HERRSCHERS

Über *Karl IV.*
ist wesentlich mehr bekannt als über seine Vorgänger, aber auch viele
seiner königlichen Zeitgenossen. Bilder und Statuen
überliefern Porträt und Gestalt des Herrschers, und schriftliche Quellen
vermitteln Vorstellungen über sein Verhalten und Auftreten.

Die Mehrzahl der zeitgenössischen Beobachter rühmte die Schärfe seines Verstandes und seinen fast eiskalten Realismus, der es ihm gestattete, rechtzeitig die Grenzen seiner Möglichkeiten zu erkennen. Auch seine Fähigkeit, Menschen und deren Charakter einzuschätzen, was sich in der beinahe unfehlbaren Wahl seiner Berater und Mitstreiter äußerte, blieb nicht unbemerkt. Karls großer Vorzug bestand in seiner Begabung, sich in verschiedenen Sprachen ausdrücken zu können. »Dank der göttlichen Gnade haben wir aber nicht nur das Tschechische, sondern auch das Französische, Lombardische, Deutsche und Lateinische so sprechen, schreiben und lesen gelernt«, schrieb er in seiner Autobiographie, »daß wir eine wie die andere dieser Sprachen geläufig schreiben, lesen, reden und verstehen konnten.« Das vermochte kaum ein anderer mittelalterlicher Herrscher von sich zu behaupten.

Karl IV. verfügte darüber hinaus über jene Eigenschaft, die politische Tätigkeit in eine Kunst verwandelt: zuverlässig abzuschätzen, wann sofort reagiert werden mußte und wann es vorteilhafter war abzuwarten. Schon Zeitgenossen verblüffte sein an Zynismus grenzender Pragmatismus. Der Grundsatz vom Zweck, der

Persönlichkeit Karls IV.

die Mittel heilige, hatte in ihm einen seiner eifrigsten Verfechter. Karls Rechenkunst und sein Interesse am wirtschaftlichen Geschehen, insbesondere am Handel, trugen ihm – nicht ganz zu Unrecht – von einigen Historikern die schon genannte Bezeichnung vom »Kaufmann auf dem Thron« ein.

Noch mehr forderten die politischen Verhältnisse Intellekt und politischen Instinkt des Herrschers heraus, wenn auch in Erwägungen und Aktionen oft das Moment des Zufalls hineinspielte, insbesondere während der häufig wiederkehrenden Pestepidemien, wo der Tod selbst um Paläste keinen Bogen machte. Zu einer erfolgreichen Herrschaft gehörte letztlich ebenso Glück, jene Summe günstiger äußerer Umstände, die Karl IV. zu nutzen wußte.

Gleich zu Beginn seines Aufstiegs machte ihm der Tod seines Gegenspielers, Ludwigs des Bayern, im Herbst des Jahres 1347 den Weg zum Thron des deutschen Königs frei. Schnell gewann der neue Herrscher Verbündete und schwächte allmählich seine Widersacher. Er verstand es, sich mit den Wittelsbachern zu einigen, obwohl sie unter päpstlichem Bann standen, und nach dem Tode Blanches von Valois durch Vermäh-

Älteste überlieferte Abbildung der Prager Burg, Anfang 15. Jahrhundert.
Gut zu erkennen sind der ursprüngliche Palast Karls, die Allerheiligenkapelle und
der bis zum Südturm fertiggestellte St.-Veits-Dom.
Holzschnitt aus Hartmann Schedel, Liber chronicarum, Nürnberg 1493

lung mit Anna, der einzigen Tochter des Pfalzgrafen Rudolf, sogar ein verwandtschaftliches Verhältnis mit ihnen einzugehen. Die feste Stellung im Reich kam in der Krönung der beiden Ehegatten am 25. Juli 1349 in Aachen zum Ausdruck.

Kein Vorgänger Karls auf dem römisch-deutschen Thron verfügte über eine so große Hausmacht. Von sieben Kurfürsten, denen die Wahl des römischen Königs oblag, war der böhmische König der reichste. Seine Jahreseinkünfte schätzte man auf 100 000 Talente Silber. Die vermögendsten Kurfürsten – die von Brandenburg und Köln – besaßen nur die Hälfte dieser Einnahmen. Der Reichtum des Königreiches Böhmen basierte auf ergiebigen Silbervorkommen in Kuttenberg, aber auch auf Zolleinnahmen und Zahlungen den aus Königsstädten und Klöstern. Territorial gesehen war das Königreich Böhmen ein kompaktes, nicht durch fremde Enklaven beein-

trächtigtes Ganzes von großer wirtschaftlicher Dynamik.

Kein Wunder, daß sich Karl vom Herbst 1349 an vier Jahre lang überwiegend seinem böhmischen Erbe widmete und nur selten ins Reich reiste. Neben dem Königreich Böhmen und der Markgrafschaft Mähren, in der sein Bruder Johann Heinrich herrschte, gehörten zu diesem Erbe die Oberlausitz (Land Bautzen und Görlitz) und im Norden Mährens das Herzogtum Troppau sowie – mit einer Ausnahme – die schlesischen Fürstentümer. Alle diese Länder wurden unter dem Namen »Krone Böhmens« zusammengefaßt.

Durch seine Vermählung mit Anna von der Pfalz gewann Karl IV. einen Teil Bayerns, die Oberpfalz (Neuböhmen), als weiteres Land der Krone. Den Interessen des Königreiches Böhmen galt auch die dritte Eheschließung Karls. Mit Anna von Schweidnitz erwarb er den Erb-

Ausbau der böhmischen Hausmacht

Krone Böhmens

Goldene Bulle Kaiser Karls IV., 1355 (Rückseite).
Im Gegensatz zu den Bullen Ludwigs des Bayern und Kaiser Heinrichs VII. griff Karl auf den älteren,
von Kaiser Friedrich II. verwendeten Typ zurück. Die Umschrift der Bulle ist ein Hexameter über die Weltherrschaft Roms,
im geöffneten Tor befindet sich die Inschrift »Aurea Roma« (Goldenes Rom).
Sie ist ein Beispiel für Karls programmatischen Historismus.

Majestäts-Wachssiegel, 1370 (Vorderseite).
Zur Betonung seiner Hausmacht fügte Karl IV. dem Reichsadler stets den böhmischen Löwen bei.
Auch das Monogramm W am Fuße des Throns bezieht sich auf den heiligen Wenzel.

AČK Nr. 511 und 1047. Státní ústřední archiv – archiv České koruny, Prag

anspruch auf das einzige noch selbständige Fürstentum Schlesiens – Jauer-Schweidnitz. An die blutjunge Braut knüpfte er aber auch andere Hoffnungen. Beide vorangegangenen Ehen hatten die wichtigste Erwartung nicht erfüllt, die die Fortführung der Herrschaft sicherte – die Geburt eines Sohnes. Nachfolger Karls blieb vorerst der Bruder Johann Heinrich oder dessen Nachkommen, was in einem Lande mit langer Tradition der Thronfolge durch den Erstgeborenen nicht gern gesehen war.

Die bedeutende Stellung der Krone Böhmens fand auch in Karls Titulatur ihren Ausdruck.

Während seine Vorgänger nach ihrer Wahl nur den Titel des römischen Königs trugen, benutzte Karl stets konsequent beide Titel: römischer König und König von Böhmen. Er behielt diese Doppelbezeichnung auch nach der Kaiserkrönung weiter bei; erst nach dieser nannte er sich in den von ihm unterzeichneten Schriftstücken »Karl IV. [der Vierte]«.

Verhältnis von Kaiser- und Papsttum

Ein Stützpfeiler seiner Herrschaft war Karls Zusammenarbeit mit der Kurie. Die neue Basis hierfür sollte die Erlangung der Kaiserwürde schaffen. Doch erst, als die Kurie Karls Unterstützung im Kampf um die Wiederherstellung des Kirchenstaates in Italien brauchte, gab Innozenz VI. (1352–1362) seine Zustimmung. Am 5. April 1355 empfing Karl IV. zusammen mit seiner Gattin Anna aus den Händen eines päpstlichen Legaten in Rom die Kaiserkrone. Er verließ Italien – wie dem Papst versprochen – umgehend wieder, was Enttäuschung bei Männern wie Francesco Petrarca hervorrief, die von einer Wiedergeburt des alten römischen Kaisertums geträumt hatten. Karl IV. kannte jedoch die italienischen Verhältnisse zur Genüge und gab sich damit zufrieden, fiskalische Ansprüche geltend zu machen, ohne den Versuch machtpolitischer Eingriffe zu unternehmen. Man schätzt, daß ihm der erste Romzug etwa 850 000 Gulden einbrachte!

Seit Friedrich II. kannte die Geschichte kein so unangefochtenes Kaisertum wie das Karls IV.; im Unterschied zu dem des großen Staufers war es nicht antipäpstlich, aber auch nicht propäpstlich. Karl IV. vertrat die Überzeugung, daß die beiden ranghöchsten Institutionen der Christenheit – das Papsttum und das Kaisertum – sich gleichermaßen von Gott herleiteten.

Nach seiner Rückkehr aus Rom unternahm Karl IV. grundsätzliche legislative Aktionen in seinen beiden Königreichen. Das als »Goldene Bulle« bezeichnete Gesetzbuch, welches die privilegierte Stellung der Kurfürsten im Reich kodifizierte, wurde auf den Reichstagen in Nürnberg und Metz (1355 und 1356) angenommen. Im Gegensatz dazu lehnte der böhmische Adel die »Maiestas Carolina«, das Gesetzbuch für das Königreich Böhmen, das auf die Stärkung der Macht des Herrschers zielte, auf dem Landtag in Prag (1355) ab.

Karl IV. nannte sich gern »monarcha mundi« (Herrscher über die Welt). Diesem Titel sollte das allmählich aufgebaute luxemburgische Imperium einen realeren Inhalt geben. Die Aussichten

standen insofern besonders günstig, als die bisher führende Stellung Frankreichs in Europa durch dessen Mißerfolge im Hundertjährigen Krieg mit den Engländern geschwächt war. Die letzten 20 Jahre der Herrschertätigkeit Karls standen deshalb im Zeichen dynastischer Expansionen, gepaart mit großzügigen kommerziellen Projekten. Den entscheidenden Impuls gab die Geburt seines ersten Sohnes im Jahre 1361; er erhielt nach seinen přemyslidischen Vorfahren den Namen Wenzel.

Bereits 1363 faßte Karl den Entschluß, Brandenburg für sich zu erwerben, indem er mit den Inhabern der Markgrafschaft, den Markgrafen Ludwig dem Römer und Otto, einen Erbvertrag schloß. Nach dem Tode seiner Gattin Anna von Schweidnitz vermählte er sich rasch mit Elisabeth von Pommern, der Enkelin und potentiellen Erbin des polnischen Königs, Kasimirs III. Nach dem geltenden polnischen Recht besaß sie zwar selbst keinen Anspruch auf den Thron, konnte diesen jedoch auf ihren Gatten oder Sohn übertragen. Kasimir – selbst ohne männliche Nachkommen – hatte den polnischen Thron als Erbe seinem Neffen, dem ungarischen König Ludwig, vertraglich zugesichert, jedoch war dieser kinderlos. Elisabeth aber schenkte Karl zwei Söhne: Sigmund (1368) und Johann (1370). So gewann Karl wertvolles Kapital für das Heiratskalkül mit dem Erbe aussterbender Dynastien.

Die Verwirklichung dieser Pläne, in deren Folge sich eine Veränderung des Kräftegleichgewichts in Europa abzeichnete, erforderte eine noch engere Bindung des Papsttums an die Interessen des Hauses Luxemburg. Die allgemeine Kritik an den Verhältnissen innerhalb der Kirche bot dem Kaiser den willkommenen Vorwand zur Einmischung. Die Reformbewegung machte das avignonesische Papsttum für den moralischen Verfall »an Haupt und Gliedern« verantwortlich.

15

In der Rückkehr des päpstlichen Hofes nach Rom sah man die Voraussetzung für entsprechende Abhilfe. Karl IV. schloß sich den Mahnrufen an, denn er wußte, daß eine Kurie mit Sitz in Italien sich vom französischen Einfluß lösen, auf seine diplomatische und militärische Hilfe angewiesen sein und damit wesentlich bereitwilliger auf seine Forderungen eingehen würde. Um die Entwicklung zu beschleunigen, unternahm er zwei große Reisen: im Jahre 1365 nach Avignon und in den Jahren 1368/69 nach Rom. Dort erreichte er von Urban V. das gewichtige Versprechen, daß die Kurie ohne Zustimmung des Kaisers keinen Bischofsstuhl im Reich und im Königreich Böhmen besetzen werde. Diese Übereinkunft bestätigte lediglich die bestehende Praxis, die Karl bereits zuvor und zumeist mit Erfolg gehandhabt hatte und die zu den wirksamen Instrumenten seiner Herrschaft zählte: seine Vertrauten mit Kirchenpfründen zu belohnen und so die Kirche für Dienste, die er sich erweisen ließ, zahlen zu lassen.

Als sich Markgraf Otto von Brandenburg weigerte, die im Erbvertrag festgelegten Verpflichtungen einzuhalten, zwang ihn Karl im Jahre 1373 mit Waffengewalt dazu. Aus Rücksicht auf die öffentliche Meinung im Reich sollte jedoch das mit einer Kurfürstenstimme verbundene Brandenburg der Krone Böhmens nicht als eine Kriegsbeute zufallen. Karl IV. kaufte es für die Unsumme von 400 000 Gulden für seine Söhne. Den überwiegenden Teil des Kaufpreises beglich er jedoch nicht aus seinen durch den vorangegangenen Erwerb der Niederlausitz erschöpften Mitteln der Erbländer, sondern er veranlaßte die Reichsstädte zu zahlen. Als er im Jahre 1376 – ebenfalls mit ganz erheblichem finanziellen Aufwand – die Wahl seines Sohnes Wenzel zum römisch-deutschen König durchsetzte, war die Reichsherrschaft der Luxemburger gesichert,

und Karl IV. konnte an die Ausdehnung der Hausmacht nach Osteuropa denken.

König Ludwig von Ungarn, der nach dem Tode Kasimirs (1370) auch über Polen herrschte, hinterließ keinen Thronfolger, sondern nur Töchter, um deren Hand und Erbanteil ein diplomatischer Kampf entbrannte, in dem zum Schluß die Interessen Karls IV. und Karls V., des Königs von Frankreich (1364–1380), aufeinandertrafen. So entschloß sich der gichtgeplagte Kaiser gegen Ende des Jahres 1377 zur anstrengenden Reise nach Paris, um mit seinem Neffen in den strittigen Fragen Einigung zu erzielen. Dabei ging es nicht nur um die sich kreuzenden Pläne beider Dynastien in Osteuropa. Karl V. beunruhigten auch die Übersiedlung der Kurie von Avignon nach Rom und der damit verbundene Verlust der Einflußnahme seitens der französischen Kardinäle. Letztlich vermißte er eine wirksame Unterstützung von seiten des Reiches im Krieg gegen England. Von den bekanntgewordenen Ergebnissen der geheimen Verhandlungen waren zwei von Bedeutung – schwer zu sagen, ob es sich um Leistung und Gegenleistung handelte. Karl IV. trat die Verwaltung des Königreiches Arelat, eines französischsprachigen Teils des Reiches, Karl V. ab; dieser versprach, dem Anspruch des Kaisersohnes Sigmund auf den polnischen Königsthron nicht im Wege zu stehen. Gleich welcher Art die zwischen den Vertretern der Dynastien getroffenen Übereinkünfte waren, gingen die Interessen beider völlig auseinander, als es am 20. September 1378 zur Spaltung der römischen Kirche – zum avignonesisch-römischen Schisma – kam. Seine schicksalsschweren Folgen erlebte der Kaiser jedoch nicht mehr.

Politiker, Staatsmann, Architekt der luxemburgischen Hausmacht – dies ist nur eine Seite der Persönlichkeit Karls. Die andere ist »le roi

1 Karl IV. Sandsteinbüste von Peter Parler, 1375 bis 1378.
Die Kronen auf den Häuptern aller Herrscherbüsten im Triforium sind
nicht erhalten, lediglich die Sockel unter den Kronreifen.
Inneres Triforium des St.-Veits-Doms, Prag

2 Johann von Luxemburg, Vater Karls IV.,
mit den Wappen seiner Hausmacht:
dem böhmischen doppeltgeschwänzten Löwen
und der luxemburgischen eingeschwänzten Löwin.
Sandsteinbüste von Peter Parler, 1375 bis 1378.
Inneres Triforium des St.-Veits-Doms, Prag

3 Elisabeth von Böhmen, Mutter Karls IV.
Sandsteinbüste von Peter Parler, 1375 bis 1378.
Inneres Triforium des St.-Veits-Doms, Prag

4 Paris Anfang des 15. Jahrhunderts –
Königspalast Palais de la Cité und Sainte-Chapelle.
Miniatur der Brüder von Limburg
zum Monat Juni aus:
Très Riches Heures du duc de Berry, um 1416.
MS 65, fol. 6ᵛ, Musée Condé, Chantilly

5 Reste der Arkaden im Erdgeschoß
des Palastes Karls IV.,
die sich zum Burghof öffneten.
Beide darüberliegenden Stockwerke sind dem
Umbau Ende des 15. Jahrhunderts zum
sogenannten Wladislawsaal zum Opfer gefallen.
Alter Palast – Prager Burg

6 Karlstein vor der Restaurierung
in den Jahren 1887 bis 1899. Durch die vom
Architekten Alois Mocker vorgenommene
»Regotisierung« veränderte sich
insbesondere das äußere Bild der Burg.
Gemälde von Hugo Ullik, 1872.
Burgmuseum, Karlstein

7 Verzierung des Schlußsteins im Gewölbe
der Katharinenkapelle. Die aus Karls Sammlung
stammende goldene Platte ist mit Amethysten,
Karneolen und Chrysoprasen besetzt.
In der Mitte befindet sich eine große gallo-römische
Gemme mit Medusenhaupt,
3. bis 4. Jahrhundert. Karlstein

8 Interieur der Heiligkreuzkapelle, vor 1367.
Karlstein

9 Oratorium Karls IV.
im kleinen Turm (Kirchturm) der Burg.
Katharinenkapelle, Karlstein

*10 Die drei in Höhe und Raum getrennten Baumassive des Karlstein:
Palast mit Burggrafengebäude, kleiner Turm (Kirchturm) mit Marienkirche und
Katharinenkapelle sowie großer Turm mit Heiligkreuzkapelle.
Ansicht von Südwest*

lettré« – ein nicht nur in der Heiligen Schrift und den Werken der Kirchenväter, sondern auch in den Arbeiten antiker Autoren belesener Herrscher, vertraut mit den Grundlagen des römischen und kanonischen Rechts, einer der größten Mäzene und Stifter des Mittelalters. Seit Friedrich II. gab es keinen Herrscher von so großem Einfluß auf das kulturelle Geschehen und Ansehen seiner Lande. Sein Charakter wies Züge auf, die uns heute gegensätzlicher erscheinen mögen, als sie es zur damaligen Zeit tatsächlich waren:

Der nüchterne Rechner schuf literarische Kunstwerke und inspirierte viele andere; der reumütige Pilger und abergläubische Reliquiensammler vermochte sich in nahezu mystische Meditation zu versenken, ohne sich deshalb in sich selbst und vor seiner Umgebung zu verschließen.

Für seine politischen Pläne und seine intellektuellen Bedürfnisse band Karl IV. ihm geistig nahestehende Berater an sich und forderte von ihnen eine ähnliche Vielseitigkeit, wie sie ihn selbst auszeichnete.

DIE RESIDENZ

*D*ie entwickelten
europäischen Monarchien des Hochmittelalters kamen nicht mehr
ohne ständige Hofhaltung an einem Ort aus.
Aus vielen Gründen erwies sich die Verbindung der Residenz
mit einer zentralgelegenen Stadt als besonders günstig.

Sie gestattete auch das Halten eines möglichst großen Hofes, dessen Angehörige in der Stadt wohnen konnten und damit nicht die zu Repräsentationszwecken bestimmten Räumlichkeiten des Herrscherpalastes belasteten.

Prag war – nach Paris – die älteste hauptstädtische Residenz Europas und bereits seit dem 10. Jahrhundert Sitz der böhmischen Herrscher. Als solcher hatte es sich voll bewährt. Es überrascht deshalb nicht, daß Karl auch als römisch-deutscher Kaiser dort residierte, zumal das Heilige Römische Reich keine Hauptstadt besaß.

Residenz und Hauptstadt

Die Verbindung von Hof und Stadt war wichtig, da wegen des besonderen Charakters der Prager Burg eine neuerliche Erweiterung des Palastes nicht in Frage kam. Hindernisse bildeten einmal das Gelände selbst – ein langes und relativ schmales Felsplateau – und zum anderen die romanische Bebauung aus dem 12. Jahrhundert. Die Prager Burg beschränkte sich auch im 14. Jahrhundert immer noch auf den heutigen dritten Burghof. Hier, auf der mit dem Burgwall umfriedeten Fläche, mußte sich der Palast mit dem Grundriß der ehemaligen romanischen Pfalz bescheiden, mit der Allerheiligenkapelle an die südliche Wallmauer gedrängt.

Der Palast auf der Prager Burg

Der luxemburgische, gotische Palast war ein zweigeschossiges, turmloses Gebäude. Vom übrigen Burgareal trennte ihn eine hohe Mauer mit zwei kleinen Toren, die die einzigen Zugänge zu dem so entstandenen Burghof darstellten. Die Gestaltung von Innenhof und Palast, wie sie in der französischen Palastarchitektur üblich war, bot größere Sicherheit und schuf einen entsprechenden Rahmen für das Ankunfts- und Begrüßungszeremoniell einzelner Gäste und großer Gesandtschaften. An der westlichen Pforte des Burghofes saß Karl IV. in der Passionswoche öffentlich zu Gericht für jedermann, der seine Klage vorbrachte.

Das Erdgeschoß öffnete sich mit Arkaden zum Burghof hin. Es hatte fünf Räume mit Balkendecke, in denen die ständig zur Verfügung stehende Dienerschaft wohnte und sich auch die Küche befand.

Zu Repräsentationszwecken dienten die drei Räume des ersten Stocks. Den östlichen großen Saal (etwa 30 mal 15 Meter), vom Burghof über eine Treppe mit Söller durch einen gesonderten Eingang erreichbar, schmückte eine Bildergalerie der kaiserlichen Vorgänger Karls. Hier fanden feierliche Audienzen, Hoftage und Landtage

Gemach im Querflügel des Palastes Karls IV. Das Gewölbe stammt aus der Zeit Wenzels IV.
Alter Palast – Prager Burg

27

sowie üppige Festmahle statt. Der kleinere, westlich gelegene Saal wurde wohl bei Privataudienzen und Ratssitzungen genutzt.

Im zweiten Stockwerk, wahrscheinlich aus Fachwerk bestehend, hielten sich die Höflinge oder Gäste und deren Begleitung auf. Die Unklarheiten über diesen Teil des Palastes rühren daher, daß das erste und zweite Stockwerk dem Umbau Ende des 15. Jahrhunderts zum sogenannten Wladislawsaal zum Opfer fielen. Nur im zweigeschossigen, an die Westwand des Palastes anschließenden Querflügel hat sich trotz späterer Umbauten die ursprüngliche räumliche Gliederung erhalten. Das Erdgeschoß, zu Zeiten Wenzels IV. als Kreuzrippengewölbe ausgeführt (sogenannter Säulensaal), war den Gerichtssitzungen vorbehalten. In beiden oberen Etagen mit je zwei Räumen wohnten der Herrscher und seine Gemahlin. Vom zweiten Stockwerk, dem der Königin, führte eine Fachwerkbrücke in das Oratorium des St.-Veits-Doms.

Im Vergleich zum Pariser war der Prager Palast zwar bescheiden in der Zahl der Räume, übertraf diesen jedoch durch seine monumentale Lage hoch über der Stadt und die Verbindung mit dem geistlichen Zentrum des Landes – dem Metropolitendom mit dem Grab des heiligen Wenzel, des böhmischen Fürsten und Landespatrons. Der zeitgenössische Chronist Franz von Prag spricht vom Palast als einem in den böhmischen Landen bisher einmaligen, kostspieligen, von französischen Architekten geschaffenen Bauwerk. Die erhaltenen baulichen Fragmente zeugen jedoch davon, daß französische Mitwirkung nur für die Anfänge anzunehmen ist. In Wirklichkeit handelt es sich um einen weniger anspruchsvollen, von einheimischen Künstlern vollendeten Bau.

Vielleicht sollte die Kathedrale mehr zur Geltung gebracht werden. So führte die ersten Arbeiten an ihr zunächst die Bauhütte unter Leitung des Franzosen Matthias von Arras aus, der zuvor in päpstlichen Diensten gestanden hatte. Ab 1356 übernahm Peter Parler aus Gmünd die Leitung des Baus.

Städtebauliche Umgestaltung Prags

Bei der Errichtung der Residenz konzentrierte man sich besonders auf die städtebauliche Umgestaltung der Stadt Prag zu einem einheitlichen funktionell-repräsentativen Ganzen. Die bisherigen zwei Prager Städte, die Kleinseite am Fuße der Prager Burg und die Altstadt am rechten Moldauufer, entsprachen den neuen Bedürfnissen nicht mehr. Bereits vor dem Jahre 1350 wurde westlich der Burg in Fortsetzung des Burgplateaus der Ort Hradschin gegründet, bestimmt für die zahlreichen, infolge der Bauarbeiten am und um den Dom aus ihren Behausungen vertriebenen Geistlichen, für die am Bau Beteiligten oder anderweitig in Hofdiensten Stehenden. Damit konnte auch die Kleinseite entlastet werden, die bisher allein die erlesenen Gäste des Hofes beherbergte. Manchem von ihnen schenkte der Herrscher sogar ein Haus. So befand sich unweit der Brücke, in der Brückenstraße (Mostecká ulice), der Palast des sächsischen Kurfürsten Rudolf I. (das heutige »Sächsische Haus«), der beinahe ständig in Prag weilte. An der Ecke gegenüber besaß der Kurfürst und Erzbischof von Mainz sein Domizil.

Prager Neustadt

Ein viel größerer städtebaulicher Eingriff vollzog sich am rechten Moldauufer. Hier gründete Karl IV. im Jahre 1348 die Prager Neustadt, wohin er einen Teil des Handwerks und Handels aus der Prager Altstadt, insbesondere die großen Vieh- und Roßmärkte, verlegen ließ. Hinsichtlich ihrer Fläche war die Prager Neustadt die letzte große Stadtgründung des Mittelalters. Sie hatte großzügig angelegte breite Straßen und drei riesige Plätze, von denen der Viehmarkt (der Karlsplatz – Karlovo náměstí) mit seiner Fläche

*Ausschnitt aus dem Blick auf Prag zu Beginn des 17. Jahrhunderts,
wobei sich die Prager Neustadt in ihrem Äußeren nicht allzusehr von dem
zur Zeit Karls IV. unterscheidet: der Viehmarkt (heute Karlovo náměstí),
das in der Silhouette dominierende Augustinerkloster mit der noch
erhaltenen Kirche des Karlshofes und die Neustädter Stadtmauer
(zum Teil heute noch erhalten).
Kupferstich von Johannes Wechter nach Philipp van der Bosch,
herausgegeben von Aegidius Sadeler, Prag 1606*

von 80 000 Quadratmetern der bis heute größte Platz Europas ist. Die Prager Neustadt bot gleichzeitig weitere Beherbergungsmöglichkeiten für die zahlreichen Besucher Prags: Lehrer und Studenten der Universität, die Karl im gleichen Jahr gründete, und Pilger zu den mit Jahrmärkten verbundenen Wallfahrten an den Feiertagen, die er zum Ruhm und wirtschaftlichen Aufschwung der Stadt durchführen ließ – das Heiltumsfest und das jedes siebente Jahr wiederkehrende »Prager Gnadenjahr«. Obwohl von der Burg am weitesten entfernt gelegen, wurde auch die Prager Neustadt allmählich zum Wohnort vornehmer Höflinge. Erinnert sei zumindest an den Palast der Herzöge von Troppau auf dem Karlsplatz, dort, wo sich heute das »Fausthaus« befindet.

Mit der Gründung der Prager Neustadt kam die Bebauung an den bisher isoliert stehenden Wyschehrad heran. Diese altertümliche Burg, ehemals Sitz und Begräbnisstätte einer Reihe von Herrschern aus der Dynastie der Přemysliden, ging nunmehr in den Bestand des Prager Städtegefüges ein; mit ihren zahlreichen Kirchen und Unterkünften für die Geistlichen stellte sie neben dem Hradschin eine weitere Prager »Priesterstadt« dar.

Gegen Ende der Herrschaftszeit Karls IV. zählte Prag etwa 40 000 Einwohner und gehörte damit zu den größten Städten nördlich der Alpen und östlich des Rheins. Die Prager Städte ließ Karl IV. innerhalb kurzer Zeit (1348–1350, 1360–1362) von einer neuen, teils bis heute erhalten gebliebenen Stadtmauer mit sieben mächtigen Toren umgeben. Am linken Moldauufer schoben sich die Mauern bis auf den Gipfel des Laurenziberges vor und schlossen auch das Gelände des Strahov-Klosters und das Vorfeld des Hradschin ein. So entstand ein gewaltiger, zu seiner Zeit uneinnehmbarer Fortifikationskomplex, in seinem Innern verbunden durch eine rekonstruierte Steinbrücke (die heutige Karlsbrücke). Mit einer Fläche von 645 Hektar wurde er nur von Konstantinopel und Rom übertroffen. Als Karl IV. etwa 1370 die Dächer beider Burgtürme, des heute nicht mehr erhaltenen Weißen Turms und des Schwarzen Turms, vergolden ließ, damit »sie leuchten und die Sonne auf große Entfernung widerspiegeln«, wie der Hofchronist Benesch schreibt, brachten sie Glanz und Pracht der kaiserlichen Residenz schon weithin sichtbar zur Geltung.

Den letzten Bau bei der Gestaltung der Prager Residenz bildete die Burg Karlstein. Sie lag inmitten des königlichen Waldes, des traditionellen Jagdreviers der Herrscher, einen knappen halben Tagesritt (22 Kilometer) von der Hauptstadt entfernt. Die feierliche Grundsteinlegung – eine an sich für eine Burg allein unerhörte Sache – erfolgte in Anwesenheit einer großen Höflings- und Gästeschar im Frühjahr 1348, also gleichzeitig mit der Gründung der Prager Neustadt.

Daß der Karlstein etwas Besonderes werden würde, darauf deuteten die auch in Böhmen ungewöhnliche Benennung nach dem Herrscher und nicht zuletzt die räumliche Konzeption des Bauwerkes hin; nach dieser türmten sich drei Baumassive stufenförmig im Gelände auf: der Palast, der kleine Turm (Kirchturm) und der große Turm. Den Vorstellungen Karls IV. entsprechend fand der damals bereits archaische Donjon, sogar zwei dieser Wohntürme übereinander, anstelle des üblichen Kastelltyps Verwendung. Beide Türme sollten offensichtlich nicht der Verteidigung dienen, sondern eine andere, besondere Funktion übernehmen. Es ist nicht auszuschließen, daß sie bereits von Anfang an zur würdigen und sicheren Aufbewahrung der Krönungsinsignien des Reiches sowie der Reliquien bestimmt waren. Karl präsentierte die Burg nach der Fertigstellung im März 1357 zahlreichen Gästen, darunter auch Reichsfürsten.

Die Anordnung des Palastes erinnert in vielem an die Prager Burg: Der Bau stand am Südhang des Areals und erfüllte ebenfalls die Funktion des Schutzwalls. In der flächenmäßigen Ausdehnung war der Palast des Karlstein dem Prager Palast wenigstens gleichzusetzen, bezüglich der Raumzahl und der Raumaufteilung übertraf er diesen sogar. Das 46 Meter lange und etwas weniger als 15 Meter breite Gebäude endete im Osten in einem halbzylindrischen Turm. Von hier

Tangermünde – Kaiserpalast mit Burgkapelle,
Gebäude unbekannter Bestimmung und sogenannter Kapitelturm.
Kupferstich von Matthäus Merian d. Ä., um 1630

wandte sich ein kürzerer und schmalerer zwei-
geschossiger Flügel gegen Nordosten, sicherlich
für die bewaffnete Begleitschar des Herrschers
bestimmt. Das Erdgeschoß öffnete sich – ähnlich
wie in Prag – gegenüber dem Burgtor mit einem
Spitzbogengang zum Burghof. Es beherbergte
einen einzigen, vermutlich zu Versorgungszwek-
ken bestimmten Raum. Über eine Freitreppe gelangte man durch ein großes Spitzbogenportal
in die erste, den Höflingen und der Leibdiener-
schaft vorbehaltene Etage. Die Räume waren –

aus Gründen der Wärmeisolierung – mit gezim-
merten Holzwänden ausgekleidet, zudem mit
Schnitzereien und wohl auch Wandmalereien
verziert. Gleichermaßen geschmückt präsen-
tierten sich auch die Balkendecken. Den Wohncharakter unterstrichen Kamin und Sitzbänke
in den Fensternischen. Den Abschluß des ersten
Stockwerkes bildete die in den Turmteil des
Palastes eingebaute St.-Nikolaus-Kapelle.

Der Kaiser bewohnte das zweite Stockwerk,
das über vier Räume verfügte. An das getäfelte

Tangermünde an der Elbe

Gemach schloß der ursprünglich mit Wandmalereien über den luxemburgischen Stammbaum geschmückte Festsaal an. Von hier aus trat man in den Audienzsaal, den am besten erhaltenen Raum des Palastes, dessen Decke heute noch vereinzelt mit den bemalten und vergoldeten Originalkassetten versehen ist. Von den Malereien an der Südwand sind nur die übermalten Wappen einschließlich der Aufschrift SPQR (Abkürzung für »Senatus populusque Romanus«) und der auf den goldenen Kaisersiegeln geprägten Losung »Roma caput mundi regit orbis

frena rotundi« erhalten. Vom Audienzsaal aus gelangte man durch ein hölzernes Portal in das Schlafgemach des Herrschers, das mit zwei nach Süden gehenden Fenstern, einem Kamin und dem an der Nordwand gelegenen und durch einen schmalen Gang zu betretenden Privet ausgestattet war. Im Turm befand sich das dem heiligen Wenzel geweihte Oratorium des Kaisers. Von hier aus führte eine Wendeltreppe in Wandstärke in das der Kaiserin, ihren Hofdamen und ihrer Dienerschaft vorbehaltene dritte Stockwerk hinauf. Es wies die gleiche räumliche Gliederung auf wie das darunterliegende, bestand aber aus Fachwerk.

Der Palast war – ähnlich wie der Prager – das Durchschnittswerk eines unbekannten einheimischen Baumeisters : Räume mit Balkendecken, längliche Fenster mit Kreuzen, Formengut der Portale vereinfacht. Auch die Befestigung unter Verwendung eines Wallgrabens war typisch mitteleuropäisch.

Es ist anzunehmen, daß neben dem Palast ursprünglich auch der kleine Turm Repräsentationszwecken diente und Wohncharakter trug. Als Karl jedoch hier die Kapitelkirche der Jungfrau Maria mit der Kapelle der heiligen Katharina einrichten ließ, mußte diese Wohnfunktion stark in den Hintergrund treten. Nach einer Festlegung Karls durfte keine Frau die Nacht im Turm verbringen, nicht einmal die angetraute Gattin. Im Gegensatz zum kleinen waren die Räumlichkeiten des großen Turmes von Anbeginn ausschließlich für die Hüter und den Schatz bestimmt. Dieser wurde mit den Reichskleinodien und Reliquien in der Heiligkreuzkapelle aufbewahrt und später durch den Reliquienschatz des Königreiches Böhmen und den persönlichen Schatz Karls IV. ergänzt. Die ikonographische Konzeption der sakralen Räumlichkeiten im kleinen und im großen Turm reifte in den Jahren 1357 bis 1365 zu einem Höhepunkt der höfischen Kunst, der in Europa seinesgleichen suchte.

Neben der Residenz in Prag und auf dem Karlstein gab es nur einen Ort, den Karl IV. als seinen Sitz und sogar Hauptsitz – »domicilium principale« – bezeichnete : Tangermünde. Als er 1373 Brandenburg erwarb, nahm ihn die Verwaltung dieses Landes so in Anspruch, daß er sich entschloß, seine Residenz hierher zu verlegen. Auch andere Gründe bestärkten ihn in seinem Vorhaben : Prag mußte in zunehmendem Maße seinem Sohn und Mitregenten Wenzel IV. dienen, ins-

Tangermünde

besondere, nachdem dieser im Jahre 1376 zum römisch-deutschen König gewählt worden war. Nicht ganz auszuschließen ist zudem ein sehr persönlicher Beweggrund, nämlich, daß er diesen Ort mochte, wie er selbst in einem seiner Briefe an den Oberkammermeister Thimo von Kolditz andeutete.

Der neue Sitz entstand durch Umbau der alten Markgrafenburg bei der gleichnamigen Stadt an der Mündung der Tanger in die Elbe. Da die Burg im Jahre 1640 durch das schwedische Heer gebrandschatzt wurde, schöpft unsere Vorstellung hauptsächlich aus einem etwa 1630 entstandenen Stich von Matthäus Merian d. Ä. Mit einer Grundfläche von 150 mal 115 Meter gehörte Tangermünde zu den größeren norddeutschen Burgen. Steil über der Elbe aufragend, war sie von allen Seiten mit einer Mauer umgeben, die acht mächtige Stützpfeiler über dem Fluß sicherten. Ähnlich wie in Prag und auf dem Karlstein fügte sich der Kaiserpalast in die Burgmauer ein, und zwar im über der Elbe befindlichen Teil. Vergleichbar war wohl auch die ursprüngliche räumliche Gliederung des Gebäudes : im Erdgeschoß Wirtschaftsräume einschließlich Küche, im ersten und zweiten Stockwerk Wohn- und Repräsentationsräume. Den Saal der ersten Etage schmückte wiederum eine Bildergalerie.

An den Palast schloß die Kapelle des heiligen Johannes des Täufers und Johannes des Evangelisten an, deren Grundmauern erst im Jahre 1888 unter Schutt wiederentdeckt wurden. Die Kapelle erhielt im Beisein des Hofes am 23. März 1377 durch den Magdeburger Erzbischof ihre Weihe. Sie besaß eine wundervolle, der St.-Wenzels-Kapelle im St.-Veits-Dom oder der Heiligkreuzkapelle auf dem Karlstein ebenbürtige Verzierung an Wänden und Gewölben : vergoldete Inkrustationen, Platten aus Halbedelsteinen, vergoldete Glasstürze. Als der Kaiser bei dieser Kapelle im

Sommer des gleichen Jahres ein Augustiner-Chor-herrenstift für zwölf Kanoniker einrichten ließ, erlangte Tangermünde alle äußeren Würdezei-chen einer karolinischen Residenz.

Die Burg war vermutlich seit Jahresbeginn 1374 bewohnt. Zu diesem Zeitpunkt bildete sie bereits den Schauplatz eines zahlreich besuchten Hoftages, auf dem in Anwesenheit einiger Kur-fürsten, vieler Reichsfürsten, der Vertreter des Brandenburger Adels und der Städte der »Erb-vertrag« Brandenburgs mit der Krone Böhmens seine feierliche Bestätigung erhielt. Ruhm und Glanz wurden der neuen Residenz zuteil, als die Kaiserfamilie mit dem zahlreichen Hofstaat den größten Teil des Jahres 1377 hier verlebte. Die Pfingstfeiertage verbrachte der Hof damals im nahegelegenen Prämonstratenserkloster Jeri-chow. Von Tangermünde aus begab sich der Kai-ser dann im November auf seine letzte große Reise über Aachen nach Paris.

3

*u jenen Menschen
und Gruppen, die den Hof Karls IV. ausmachten, zählten in erster Linie
alle Personen, die durch vielfältige Dienste mit dem Herrscher
und seiner Familie verbunden waren, von der Führung seines Familienhaushaltes
bis hin zur Teilnahme am prunkvollen öffentlichen Leben des Hofes.*

Dazu kamen auch jene, deren Dienste als höhergestellte zu bezeichnen wären, wie Ärzte, Kaplane, Erzieher der Prinzen und Prinzessinnen und auch Hofkünstler. Eine besondere Gruppe stellten die Angehörigen der Leibgarde dar. Zu den wichtigen Hofämtern gehörten: Kanzler, Hofmeister, Kammermeister, Küchenmeister; andere Tätigkeiten hatten lediglich in Gestalt eines Ehrenamtes überdauert und wurden nur bei besonders festlichen Anlässen ausgeübt: Kämmerer, Truchseß, Mundschenk, Jägermeister. Ähnlich verhielt es sich auch mit dem Marschall, dessen Amt in Wirklichkeit der Hofmarschall wahrnahm.

Neben Bediensteten und Hofbeamten war eine zahlreiche Schar von Höflingen aus dem Umfeld des Herrschers nicht wegzudenken. Jeder bedeutende Hof hatte den Ehrgeiz, möglichst viele bemerkenswerte Persönlichkeiten an sich zu ziehen, die entweder politischen oder repräsentativen Zwecken dienten. Ihre Besonderheit konnte in der gesellschaftlichen Stellung, ihrem Reichtum oder irgend einem anderen Vorzug bestehen.

Beide Gruppen, die der Beamten-Bediensteten und die der Höflinge im eigentlichen Sinne, waren miteinander verflochten. Es kam vor, daß auch Personen, aus unserer Sicht von der Rangordnung her in niedrigsten Diensten stehend – wie etwa Karls Koch Budík –, den Titel eines Höflings trugen. Höflinge waren selbstverständlich alle Hofbeamten und die bedeutenden Angehörigen des Adels und der Geistlichkeit, obwohl die Titulatur infolge der Lückenhaftigkeit schriftlicher Quellen nicht in jedem Falle ausreichend belegt ist.

Anhand der im Formelbuch der Hofkanzlei Karls IV. erhaltenen Ernennungsurkunden kann wegen der Unbestimmtheit der mittelalterlichen Terminologie allerdings nur ein ungefähres Bild von den Kategorien des Höflingsstatus gezeichnet werden. Die zahlenmäßig größte Gruppe stellten diejenigen dar, die nur den Titel »familiaris«, eventuell mit dem Zusatz »domesticus« (Hausgenosse), trugen. Die gesellschaftliche Struktur war in diesem Teil des Hofstaates am mannigfaltigsten, umfaßte sie doch auch Angehörige des niederen Adels und des Bürgertums. Eine höhere Stufe der Rangleiter bedeutete offenbar die Bezeichnung »commensalis domesticus« (Tischgenosse). Träger dieses Titels gehörten meist zum Adel bzw. zu den Prälaten, aus

Bedienstete und Hofbeamte

Rang und Art des Höflingsstatus

Höflinge im engeren Sinne

Kerzenkronleuchter, wie er sowohl in Wohnräumen als auch Palastsälen verwendet wurde.
Kopie nach dem verlorengegangenen Original.
Heiligkreuzkapelle, Karlstein

den Reihen des Bürgertums kamen nur Patrizier in Frage. Es ist nicht nachzuweisen, welche Bedeutung in dieser Kategorie dem Adjektiv »cottidianus« (tagtäglich) zuzumessen ist. Möglicherweise aber unterschied es die »tatsächlichen« Höflinge von den »ehrenhalber« dem Hof angehörenden. Im Hinblick auf die bekannte Neigung des Mittelalters zu Pleonasmen überrascht es nicht, daß oftmals alle genannten Titel auf einmal bei einer Person in Erscheinung treten. Nur bei einer kleinen Höflingsschar kam noch ein weiterer Titel hinzu, der zweifelsohne die höchste Rangstufe innerhalb des Hofes bezeichnete: »consiliarius«, »secretarius« (Hofrat oder -sekretär). Letzterer erscheint häufiger bei Personen, die in irgendeiner Beziehung zur Hofkanzlei standen, obwohl das nicht die Regel sein mußte. Die Träger dieses Titels zählten meist zu den Spitzen des Hochadels oder den höchsten geistlichen Würdenträgern.

Eine besondere Gruppe innerhalb des Hofstaates bildeten die Hofdamen, in gewisser Weise Gesellschafterinnen der Königin. Sie verkürzten ihr durch Konversation die Langeweile, beteiligten sich an Stickereien und verschiedenen wohltätigen Zwecken dienenden Beschäftigungen; ferner begleiteten sie die Königin auf ihren Ausflügen oder Reisen außerhalb der Residenz. Es ist anzunehmen, daß sie Gemahlinnen der regelmäßig bei Hofe weilenden Höflinge bzw. deren Witwen und Töchter waren. Man begegnet ihnen häufig auf bildlichen Darstellungen des Hoflebens, aus schriftlichen Quellen jedoch ist nichts Näheres über sie bekannt.

Eine nur sehr lockere Bindung an den Hof besaßen die als »comites palatini caesarei« (Hofpfalzgrafen) bezeichneten Personen, betraut mit der Ausübung einiger dem Herrscher des Römischen Reiches zukommenden Rechte in Form größerer oder geringerer Befugnisse. Eine der

Audienzsaal der Burg Lauf.
Sein einziger Schmuck besteht in den in Stein gehauenen polychromierten Wappen
des böhmischen Hofadels. An den Wänden, einschließlich der Fensternischen, befinden sich in der
oberen Reihe 36 Wappen des Hochadels, in der unteren Reihe 59 Wappen des niederen Adels.
Wappensaal der Wenzelsburg, Lauf an der Pegnitz

geringen Vollmachten bezog sich auf die Legitimierung unehelicher Kinder, d. h. deren Gleichstellung mit ehelichen Nachkommen, die größere Befugnis auf das Gewähren von Zahlungsaufschub bei Schuldverschreibungen, die Ernennung öffentlicher Notare und die Verleihung niederer Adelstitel. Es handelte sich eigentlich um eine Art Hofamt, jedoch ein sehr einträgliches, so daß es in diesem Sinne eine hohe Belohnung darstellte: Karl IV. zeichnete damit den Dichter Francesco Petrarca aus.

Mit dem Titel »familiaris« wurden in der Regel Angehörige des Bürgertums, insbesondere treue Diener, belohnt; er verlieh ihnen das Ansehen einer gewissen höheren Stellung. Er mochte wohl auch eine Aufmerksamkeitsbezeigung gegenüber anderen Herrschern oder Kirchenfürsten darstellen, wurde er Personen zuteil, an welchen jenen gelegen war. Es geschah jedoch auch, daß Karl IV. bedeutende Ausländer zu Angehörigen seines Hofes ernannte. In einer dieser Bestallungsurkunden sind die bezeichnenden Worte zu lesen: »Obwohl der kaiserliche Hof sich stets eines Zustroms hervorragender Persönlichkeiten erfreute, verleiht es ihm noch höheres Ansehen, wenn sich die kaiserliche Majestät mit einer noch größeren Anzahl bedeutender Persönlichkeiten umgibt.« So empfing Karl IV. im Mai 1355 auf der Rückreise von der Kaiserkrönung in Rom bei einem Aufenthalt in Pisa eine Gesandtschaft der Stadt Perugia, der auch der berühmte Jurist und Romanist Bartolo di Sassoferrato angehörte. Mit einer besonderen Bestallungsurkunde ernannte ihn der Kaiser zum Hofrat und erhob ihn gleichzeitig in den Adelsstand. Als außerordentlichen Gunstbeweis verlieh er ihm ein sich nur farblich von dem des Königreiches Böhmen unterscheidendes Wappen: einen roten doppelt-geschwänzten Löwen auf goldenem Feld.

In den Bestallungsurkunden finden sich auch garantierte Rechte und Ansprüche der Höflinge. Es ging vorwiegend um Aufwandsentschädigungen im Zusammenhang mit dem Aufenthalt bei Hofe, wann und wie oft sie sich aus eigenem Ermessen oder auf Geheiß einzustellen hatten. Der Anspruch galt nicht nur für die Höflinge selbst, sondern gleichermaßen für ihre Begleitung, einschließlich des Futters für vier Pferde. Bei hochgestellten Persönlichkeiten war diese **Rechte der** Kostenvergütung in angemessenem Maße spezi- **Höflinge** fiziert. So wurden dem Kurfürsten und Erzbischof von Köln, Friedrich III., für jede Woche des Verweilens bei Hofe 100 Rheinische Gulden für seine Person und Begleitung zugesichert. Den Hofangehörigen aus dem Reich war auf dem Wege zum Hofe freier Durchzug durch verschiedene Gebiete garantiert; vornehme Höflinge erhielten sicheres Geleit. Über beides wachten die entsprechenden Beamten, die von der Ausstellung einer jeden Ernennungsurkunde verständigt wurden. Höflingen im Laienstande brachte die Zugehörigkeit zum Hofe Abgaben- und Steuer-

freiheit, eventuell auch Eximierung von der ordentlichen Gerichtsbarkeit und ausdrückliche Verweisung an das Gericht des Herrschers. Geistlichen sicherte die Ernennung zum Höfling große Vergünstigungen. Unter Berufung auf die entsprechenden Indulte des päpstlichen Stuhls waren sie befreit von der Residenzpflicht auf ihren Pfarr-, Kanonikats- und Bischofspfründen und konnten ungestört alle hiermit verbundenen Einkünfte beziehen.

Zahlenmäßiger Nur ein bestimmter Kreis der Höflinge be- **Umfang** wegte sich ständig in der Umgebung des Herr- **des Hofstaates** schers und seiner Familie. Hinzu kamen die Personen, die den Hof aus den verschiedensten Gründen besuchten und sich eine gewisse Zeit aufhielten – die Hofgäste. Zu den höchsten Feiertagen – Weihnachten, Ostern und Pfingsten – waren in der Regel zahlreiche weitere Höflinge und Gäste geladen, um durch ihre Anwesenheit an den Festgottesdiensten den Glanz der Herrscherwürde zu mehren. Neben dem »Alltagshof« und dem »Festtagshof« wurde von Zeit zu Zeit »großer Hof« gehalten. Familienfeiern, wie z. B. Hochzeiten, Kindtaufen, Begräbnisse, und Besuche fremder Herrscher, aber auch Reichs- oder Landtage und andere politische Ereignisse gaben Anlaß, häufig sogar für mehrere Wochen eine größtmögliche Höflingsschar, einschließlich der »Ehrenangehörigen« und Gäste, an den Hof zu laden.

Erst derartige Hoftage geben eine Vorstellung von der tatsächlichen zahlenmäßigen Stärke des Hofstaates, all seinen Ebenen und dem Pomp, der den Herrscher umgab und seine Macht und seinen Ruhm symbolisierte. Leider findet sich in keiner der Quellen eine vollständige Aufzeichnung einer solchen Begebenheit. Ein einziges Beispiel für die personelle Zusammensetzung wenigstens des böhmischen Adels am »großen Hof« stellt der Wappensaal der Burg Lauf an der

Pegnitz dar. Die Auswahl der Wappen ist um so aussagekräftiger, als die Konzeption hierzu – es handelt sich um den Audienzsaal Karls IV. – vom Kaiser selbst stammte und die Ausgestaltung in den Jahren 1362/63 stattfand. Es ist nicht auszuschließen, daß die böhmische Teilnahme an der Zusammenkunft des »großen Hofes« in Nürnberg im Jahre 1361 zu Ehren der Geburt und Taufe des Erstgeborenen Wenzel, des späteren böhmischen und römischen Königs, auf diese Weise verewigt werden sollte.

Mit Hilfe einer Wappenanalyse könnte die annähernde Zahl der Höflinge festgestellt werden: Im Audienzsaal sind etwa 100 böhmische Adelsgeschlechter dargestellt. Der schlesische Teil fehlt, und in nur geringer Zahl ist der mährische Adel vertreten, der sich allerdings am Hofleben Karls IV. kaum beteiligte. Berücksichtigt man auch die schlesischen Adligen und die Tatsache, daß manchem böhmischen Geschlecht mehrere Höflinge entstammten, beträgt der Laienanteil aus den Ländern der Hausmacht zu Beginn der sechziger Jahre mindestens 120 Personen. Der Anteil aus dem Reich war kaum geringer. Darüber hinaus sind bei beiden noch die Höflinge aus den Reihen der Geistlichkeit und des Patriziats hinzuzuzählen. So müßte der »große Hofstaat« Karls IV. mindestens 350 Personen umfaßt haben. Aus vergleichbaren Angaben ist nur die ungefähre zahlenmäßige Stärke des päpstlichen Hofes in Avignon im 14. Jahrhundert bekannt: Einschließlich der kurialen Beamten und der Dienerschaft, die allerdings sehr zahlreich waren, umfaßte er 600 bis 650 Personen. Der Hof Karls IV. zählte demnach zu den größten seiner Zeit.

DIENERSCHAFT DES PALASTES

*A*lltag am Hofe
war undenkbar ohne eine zahlreiche und vielfältige Dienerschaft,
die für Küche und Backstube, Speise- und Vorratskammer, Keller und Ställe sorgte.
Letztgenannte gab es wohl in größter Zahl,
und ihre Tätigkeit ist für einen mittelalterlichen Hof charakteristisch.

Allein der Bestand an Pferden, die stets bereitstehen mußten, übersteigt unser Vorstellungsvermögen. Rechnet man die Rosse der Höflinge, Gäste und aller Besucher des Hofes hinzu, wird verständlich, wie kompliziert ihre Einstallung war. Auf der Prager Burg befanden sich Stallungen auf dem gesamten freien Gelände, auch die noch unbebauten städtischen Parzellen auf dem Hradschin und in seiner Vorstadt Pohořelec nutzte man zu diesem Zweck. Ihre Aufsicht oblag den zahlreichen Stallmeistern, für die zusätzlichen Grünfutter-, Futter- und Wasservorräte sorgten Futtermeister, um Rosse und Geschirre kümmerten sich die Stallknechte. Daneben waren noch spezielle Knechte für die Schlachtrosse und Turnierpferde der einzelnen Mitglieder der Herrscherfamilie und des Hofes beordert. Die Kutschpferde unterstanden den Kutschern, während die Wartung der Kutschen den entsprechenden Handwerkern – Stellmachern und Schmieden – zukam. Dazu gehörten auch die mit der Wartung von Harnischen, Rüstungen und Waffen aller Art befaßten Handwerker, die Harnischmeister. Mit diesen wiederum eng verbunden zeigte sich jene Gruppe, welcher der innere und äußere Schutz des Palastes anvertraut war.

In Stall und Küche

Zu ihr zählten die Pförtner der Palasttore und die Leibgarde, die auf dem Burghof stationiert war sowie auf Söllern und in Gängen des Palastes Wache hielt.

In den Kellern und im Erdgeschoß des Palastes hatten Kellermeister, Köche und Bäcker mit ihren Gehilfen sowie die Verwalter der Lebensmittel-, insbesondere der Fleisch-, aber auch der Fisch- und Krebsvorräte in den Kammern ihre Wirkungsstätte. Sie unterstanden der Aufsicht des Küchenmeisters. Wild lieferten die Jägermeister von den königlichen Jagden.

In den Gemächern

Eine andere Kategorie der Dienerschaft war in den Gemächern des Herrschers und seiner Familie beschäftigt. Die Wohnverhältnisse in mittelalterlichen Palästen erscheinen uns heute mehr als bescheiden. Einen wohnlicheren Charakter erhielten die Räume durch den Einbau einer Holzkonstruktion, die mit Textilvorhängen ausgekleidet war, so daß eine Unterteilung in kleinere Kabinette entstand. Auf diese Weise trennte man in der Regel den Wohnraum in den Vorbereitungsraum für die Speisen und in den Speiseraum, der verbleibende Raum diente als Arbeits- und Konferenzzimmer bzw. als Gemach für Privataudienzen. Im Schlafgemach konnten

11 *Auch am Prager Hof fehlte es nicht an Darstellungen von Liebesszenen.*
Der Illuminator des ersten, im Geiste der »neuen Frömmigkeit« in tschechischer Sprache verfaßten Werkes
deutet die Sündhaftigkeit der Szene durch die Abbildung des Teufels über dem Paar an.
Miniatur aus: Thomas von Štítný: Sechs Bücher über allgemeine christliche Dinge,
sogenannte Klementiner Schriftensammlung, 1376.
XVII A 6, fol. 36ᵛ, Státni knihovna ČSR – Univerzitní knihovna, Prag

xultate deo
tori nro iu
deo iacob
te psalmu
te tympa
psalteriu

dum cum cythara Buanat
menia tuba: in insigni die s
nitatis nre Quia preptum
est: z iudicium deo iacob Tet
yoseph posuit illud cum exi
tia egypti: linguam qm no

12 Eine der Möglichkeiten für instrumentale
Besetzung der Hofmusik:
Trommler und Bläser aus dem illuminierten Brevier
des Kanzlers Johann von Neumarkt,
der selbst zwei Musiker beschäftigte.
Initiale aus: Liber viaticus, 1355 bis 1364.
VIII A 12, fol. 33ᵛ, Knihovna Národního muzea, Prag

13 Hofnarr mit weit über die Schultern
herunterreichender Kappe mit Fransen.
Initiale aus: Liber viaticus, 1355 bis 1364.
VIII A 12, fol. 24, Knihovna Národního muzea, Prag

14 Bademägde bei der Arbeit.
Miniatur aus der deutschen Bibel Wenzels IV.,
um 1390.
Cod. 2759, fol. 47ᵛ,
Österreichische Nationalbibliothek, Wien

15 *Karl IV. und die Kaiserin beim Festmahl*
mit Hofzeremoniell, auf dem die Kurfürsten,
ihrem Amte entsprechend, bedienen.
Miniatur aus der »Goldenen Bulle« Wenzels IV.,
1400. Cod. 338, fol. 42,
Österreichische Nationalbibliothek, Wien

16 *Diese getriebene und vergoldete Silberschale,*
mit Wasservögeln geschmückt,
ist ein einmaliges Zeugnis der Tafelausstattung
bei Hofe in der 2. Hälfte des 14. Jahrhunderts.
Sogenannter Karlstein-Schatz,
Umělecko-průmyslové muzeum, Prag

17 *Getriebene Silberschale. Dieses wertvolle,*
erhaltengebliebene Einzelstück aus dem
im Karlsteiner Palast verwendeten Tafelgeschirr
trägt am Boden als Verzierung ein Medaillon
mit vergoldetem weiblichen Brustbild,
2. Hälfte des 14. Jahrhunderts
(Werkstatt Peter Parlers?).
Sogenannter Karlstein-Schatz.
Umělecko-průmyslové muzeum, Prag

*18 Von allen Räumlichkeiten, in denen der Rat Karls IV. tagte, ist nur der
sogenannte Audienzsaal auf Burg Karlstein erhalten.
Als einziger Raum des Palastes blieb er von der 1887 bis 1899 erfolgten
Restaurierung im Prinzip unberührt.
Kaiserpalast, Karlstein*

Die leuaui aiiimam
meam deus meus in
ç fido non embrani

19 Szene »Mariä Verkündigung«, dargestellt als Audienz bei der Königin:
Ein im höfischen Kniefall verharrender Page übergibt eine Botschaft in Form eines gesiegelten Briefes.
Initiale aus einem illuminierten, in der Werkstatt des Kanzlers Johann von Neumarkt
entstandenen Missale, nach 1364.
Cim. 6, fol. 4ᵛ, Archiv pražskeho hradu, Kapitulní knihovna, Prag

20 Ein mit einem als »Tappert« bezeichneten Mantel
bekleideter Kämmerer weist den Hoftischler an,
den Thron zu demontieren.
Die Kleidung des Handwerkers ist einfach:
spitz auslaufende Hosenbeine
und eine damals moderne Kopfbedeckung.
Miniatur aus der »Goldenen Bulle«
Wenzels IV., 1400. Cod. 338, fol. 43,
Österreichische Nationalbibliothek, Wien

21 Jägermeister mit Hund und Stallknecht mit
Pferden. Miniatur aus dem Brevier
des Kanzlers Johann von Neumarkt,
Liber viaticus, 1355 bis 1364. XIII A 12, fol. 97ᵃ.
Knihovna Národního muzea, Prag

Ankleideraum und Badekabinett Platz finden. Nebenbei bemerkt, wohnte damals auch der französische König nicht besser. Erst Karl V. ließ im Louvre und in Vincennes weitere spezialisierte Räume einrichten (Arbeitsräume, Bibliotheken). Selbst die Innenausstattung der Privatgemächer war bescheiden; eine Ausnahme bildete hier Italien. Verwunderlich ist der Mangel an Mobiliar – Schränken, Tischen, Stühlen. Raum für die Unterbringung von Garderobe und Geschirr boten Truhen, auf denen man auch sitzen konnte. Als Sitzgelegenheit dienten außerdem mit Kissen und Fellen belegte steinerne Bänke in den Fensternischen. An der Tafel – einfachen Schragen – genügten Sitzbänke. Andere Tische, z. B. für das Ausführen von Stickereien, waren ebenso wie Stühle eine Seltenheit. Beim Lesen benutzte man zum Aufstellen der Bücher Pulte, die oft sogar drehbar waren. Von den Betten jener Zeit besteht keine genauere Vorstellung.

Den Gesamteindruck der Innenausstattung der Palastgemächer bestimmten Farbenfreudigkeit und Muster der Wandteppiche, Vorhänge und Portieren. Das Mobiliar sowie die Textilien des Prager Palastes sind uns nur bekannt aus ihrer Beschreibung in den Verzeichnissen des Domschatzes zu St. Veit, dem die Gattinnen Karls IV. die ausgesonderten Sachen zueigneten. Bei den Stoffen handelte es sich durchgängig um roten Samt, der mit Schild- und Blattmotiven bestickt und mit Bordüren eingefaßt war. Tier-, Pflanzen-, Schild- oder Schiffsmotive zierten die aus Brokat-, Seiden- und Samtstreifen zusammengefügten Wandteppiche, seltener erschienen Tapisserien mit großen figuralen, zum Teil auch weltlichen Sujets.

In dieser Umgebung wirkte die der Herrscherfamilie bei Tisch sowie beim An- und Auskleiden zur Hand gehende Dienerschaft. Das Bedienen war dabei nicht nur eine zeremonielle Angelegenheit, sondern zugleich eine sehr verantwortungsvolle Tätigkeit. Getränke und Speisen mußten formvollendet vorgelegt werden und der Gesundheit einwandfrei zuträglich sein, um die Möglichkeit einer zufälligen oder absichtlichen Vergiftung des Herrschers auszuschließen. Einst wachten hierüber besondere Hofbeamte – Truchseß und Mundschenk –, die Speisen und Getränke zuvor selbst zu kosten hatten. Als diese Ämter jedoch Ehrenämter wurden, übernahmen der Vorschneider und der Einschenker die Aufgaben bei Tisch. Da Leben und Gesundheit des Herrschers in ihren Händen lagen, waren sie auch am Hofe Karls IV. hochgeschätzt.

An der Tafel Zum Glanz der privaten Tafel trug die Assistenz von Pagen aus den ersten Adelsfamilien des Reiches und Böhmens bei. Das Tafeln, sei es auch nur im engeren Kreis, war Maßstab der Repräsentation des Herrschers, denn häufig wurden prominente Gäste und vornehme Höflinge zu Tisch gebeten. Luxus, Reichtum und Freigebigkeit, diese grundlegenden Kriterien der Achtung und des guten Rufes jedes mittelalterlichen Herrschers, mußten sich vor allem im Wert des Tafelgeschirrs, insbesondere der Schalen und Becher, ausdrücken. Hierfür hatte ein spezieller Bediensteter zu sorgen, der »colector scutelarum«, der »Schüssler«, als Verwalter des Tafelgeschirrs, der für dessen ordnungsgemäßen Zustand und seine Aufbewahrung in den Truhen garantierte. Von der am Prager Hof üblichen Tafelausstattung sind nur wenige Stücke erhalten. Mehr weiß man jedoch von den Speisen und Getränken. Die überlieferten Bruchstücke von Rechnungen für Küchenausgaben um das Jahr 1370 sind insofern besonders wertvoll, als sie keine Gastmahle, sondern den alltäglichen Tafelaufwand betreffen.

Getrunken wurden österreichische und französische Weine, Malvasier und Bier. Als Fleisch-

Speisende Hofdienerschaft.
Auf dem Tisch stehen die typischen böhmischen Warzengläser,
die in Prag in Bürgerhäusern ebenfalls üblich waren.
Miniatur aus der in einer Prager Hofwerkstatt um 1390 entstandenen
illuminierten deutschen Bibel Wenzels IV.
Cod. 2759, fol. 22ʳ, Österreichische Nationalbibliothek, Wien

gerichte finden sich Rinder- und Kalbsbraten, Hühner, Rebhühner, Vögel, Hasen, Eichhörnchen; hinzu kamen Frischfisch und Salzheringe, Krebse, Hausen. Zum Fleisch reichte man Brot oder bei Prager Bäckern gekaufte Brezeln, ferner Hirse und Erbsen. Die Beilagen wurden mit Meerrettich, Essig und Senf wohlschmeckend gewürzt. Man aß Käse, als Obst vorwiegend Äpfel, Birnen und Weintrauben. Aus den Rechnungen ist ersichtlich, daß nicht mit Mehl, Eiern, Honig, Talg, Öl, Speck, Butter und Zwiebeln gespart wurde, auch nicht mit Mandeln, Nelken, Safran, Pfeffer und Ingwer.

Die Schlafgemächer des Königs und der Königin waren die Domäne der Kammerdiener und -zofen, zu deren Pflichten das An- und Auskleiden gehörte. Sie hatten die unübersichtlich in Truhen verwahrten Gewänder und die Wäsche auszusuchen und vorzubereiten sowie zu lüften und zu reinigen. Die Gewänder nähte der Hofschneider; das Schuhwerk fertigte und reparierte der Hofschuster. Barbiere, Bader und Badefrauen bereiteten die Bäder und sorgten für Pflege von Haar und Bart.

Pflege und Wartung der Gebäude, der Gemächer und deren Innenausstattung lagen in den Händen der Haushofmeister, »hospites curiae«, denen die entsprechenden Handwerker zur Seite standen. In den Quellen sind Schreiner, aber auch ein Uhrmacher belegt; sein stolzer Titel »magister orologii imperatoris« (kaiserlicher Uhrmachermeister) ist bemerkenswerter Beleg dafür, daß man im Prager Palast zu dieser Zeit bereits Tischuhren kannte.

Kammerdiener

Über den Zutritt zu den Privatgemächern des Palastes, insbesondere bei der Gewährung von Audienzen, wachten die Türhüter »portulani«, »ianitores«, »ostiarii«. Herolde riefen die Namen der Besucher vom Palastsöller. Während die im Erdgeschoß bereitstehenden Stallknechte die Pferde in die Ställe führten, begleiteten die Türhüter die Ankommenden in das Gemach des Hofmarschalls, der über die Unterbringung und, dem Zweck des Besuches entsprechend, über den weiteren Verlauf des Aufenthaltes entschied. Die Herolde waren ebenfalls sehr geachtete Personen und besonders bei Festlichkeiten am Hofe unentbehrlich. Sie mußten gut in den Wappenzeichen bewandert sein, um schon von weitem die Ankömmlinge zu erkennen. Dieses Wissen benötigten sie auch bei Turnieren, wo sie darüber zu wachen hatten, daß sich niemand weniger edlen Gebläts unter die Wettstreitenden mischte. Die Herolde entschieden in Streitfällen auch über die Berechtigung zum Führen von Wappen und Wappenfarben. Oft wurden sie mit der öffentlichen Verkündung einer Herrscherentscheidung betraut.

Ein besonderer Personenkreis aus der Dienerschaft trug zum Begrüßungszeremoniell sowie zur Unterhaltung und Belustigung des Herrschers in seiner Privatsphäre bei. An erster Stelle seien hier die Musikanten genannt, insbesondere die Bläser, die auf dem Burghof die Fanfaren bliesen, um die Gäste anzukündigen, sie spielten aber auch mit anderen Musikanten in den Gemächern zur Unterhaltung oder zum Tanz auf. Aus zeitgenössischen illuminierten Handschriften Prager Provenienz ist die unterschiedliche instrumentale Besetzung bekannt. Dargestellt sind in der Regel Schalmei und Trompete oder auch Trommel und Trompete, aber auch Horn, Triangel, Doppeltrommel, Fiedel, einige Lauteninstrumente und Dudelsack. Großer Beliebtheit

bei Karl IV. erfreuten sich die Pfeifer, unter denen zwei, mit Namen erwähnt, offensichtlich Tschechen waren: Svah, genannt Goldene Hand, und sein Bruder Maršík. Von einem anderen Pfeifer weiß man, daß er zum »König aller Spielleute« ernannt wurde, mit dem scherzhaft formulierten Recht, alle Geschenke, die er bekomme, zu verkaufen. Große Anerkennung genossen auch zwei »tubicinae« (Trompeter), Jan und Vlk. Im Jahre 1360 erhielten sie eine Jahresrente von 20 Schock Prager Groschen ausgesetzt und den Titel eines Höflings. Überliefert ist eine Urkunde, in der ihnen der Kaiser seinen Dank dafür ausspricht, daß sie »mit süßen Klängen ihrer Instrumente« tagtäglich der Herrscherfamilie Freude und Zerstreuung spendeten und ihm seinen düsteren, von Sorgen getrübten Sinn aufheiterten.

Über die Hofnarren am Prager Hof ist wenig bekannt, doch waren sie ein nicht wegzudenkender Teil des Hofalltags. Ihre Wertschätzung bestätigt auch ein erhaltenes Dokument der Hofkanzlei, mit dem Karl IV. seinen Hofnarren zum »comes vallis fatuae« (Grafen von Narrental) erhob. Im Rahmen dieses Spielchens überließ er ihm die Herrschaft über Burgen und Festungen wie Narrenberg, Narrenstein, Narrental, Narrenhausen, Torental, Torenburg, Affenburg, Affenkirchen usw. Überliefert ist sogar, daß sich der Kaiser auf seiner Reise nach Avignon im Jahre 1365 von seinen eigenen Hofnarren begleiten ließ, die den Papst und die Kardinäle erheiterten. Gewiß waren sie gut bewandert in Latein und Französisch, den Umgangssprachen des päpstlichen Hofes. Es zeugt von ihrem Erfolg, daß Urban V. ihnen je 100 Gulden auszahlte, damit sie ihre Töchter gut verheiraten könnten!

Es ist ein Irrtum anzunehmen, daß die gesamte Dienerschaft Karls IV. aus den unteren Schichten gekommen wäre. Türhüter und Leibwächter waren häufig von edlem Geblüt, manch-mal sogar Angehörige der alten böhmischen Geschlechter, ansonsten wohlhabende Prager Bürger. An Ausnahmen fehlte es allerdings auch hier nicht. So beauftragte der Kaiser im Jahre 1360 den Propst des Konvents der Rotkreuzher-ren »Na Zderazi« in der Prager Neustadt, für seinen Türhüter Dětvin, der »wegen Alters und Altersschwäche die täglichen Pflichten nicht mehr verrichten kann«, Sorge zu tragen. Es solle ihm an nichts fehlen und ihm ermöglicht werden, im weltlichen Gewand im Konvent ebenso wie die Brüder versorgt zu sein. Der Kaiser hob be-sonders hervor, daß der ausgediente Türsteher alljährlich zwei Röcke, einen Winter- und einen Sommerrock, Schuhe und Leinenunterwäsche erhalten und freundlich aufgenommen werden solle. Hierzu sollte wohl auch der Titel eines Höflings beitragen, mit dem jener Mann von of-fenbar niederer Herkunft bezeichnet wird. An-sonsten überwogen unter der Dienerschaft Bür-gerliche, insbesondere aus den Prager Städten. Neben dem Titel des Höflings erhielten sie als Belohnung mehrere abgabenfreie Hufen Acker-boden oder sogar einen Meierhof. Weniger häu-fig bezogen sie ein ständiges Gehalt, das auch nicht gering war: Des Kaisers Kammerdiener Fritz von Eger bekam für treue Dienste wöchent-

lich ein Viertel Talent Silber. Sofern Bedienstete in den Prager Städten Häuser besaßen, gewährte man ihnen als Belohnung Steuerfreiheit. Ein-schenker, Kellermeister und Köche betrieben in der Regel in den Prager Städten auch ihr Ge-werbe, das mit verschiedenen Vergünstigungen verbunden war. Der ebenfalls mit dem Titel »familiaris« ausgestattete Koch Budík, der vom Herrscher eine Erbschenke in der Prager Neu-stadt, in der Gegend »Na Poříčí«, erhielt, war von der Steuer befreit und besaß das Recht, Bier zu brauen und zu verkaufen.

Über die Anzahl der Bediensteten im Prager Palast gibt es eine einzige Angabe, die sich aller-dings nur auf die männliche Dienerschaft be-zieht: Im Trauerzug Karls IV. im Jahre 1378 schritten 114 Diener hinter seinem Sarg.

Unbekannt ist auch, ob die einzelnen Katego-rien der Bediensteten, ähnlich wie in Paris, ihre besondere Livree trugen, und zwar nicht nur jene, die in der Öffentlichkeit in Erscheinung traten, wie die Leibgarde und die Herolde, son-dern ebenso alle übrigen Bediensteten, zumin-dest bei Festlichkeiten. Da im Mittelalter jedoch auch an der Dienerschaft Ruhm und Bedeutung des Herrschers gemessen wurde, was im beson-deren Maße für den Kaiser galt, ist dies mit höch-ster Wahrscheinlichkeit anzunehmen.

HÖHERE DIENSTE

Geburten, Krankheiten
und Todesfälle innerhalb des Herrscherhauses stellten keine reinen Privatangelegenheiten dar,
sondern berührten stets staatspolitisch-dynastische Interessen.
Höflinge, die über das leibliche Wohl, das Seelenheil oder die Erziehung wachten,
nahmen eine besondere Stellung am Hofe ein.

Der Tod suchte die Familie des Kaisers häufig heim: Dreimal nahm er ihm die Gattin, und von elf Kindern starben fünf noch zu seinen Lebzeiten. Karl selbst lag an der Jahreswende 1350/51 an den Folgen einer beim Turnier zugezogenen Verletzung schwerkrank danieder. Auch im Herbst des Jahres 1358 fesselte ihn eine plötzliche Erkrankung für einige Wochen ans Lager; sein Zustand schien so ernst, daß sich sogar die Kurie dafür interessierte. Während der letzten zehn Jahre seines Lebens plagte ihn die Gicht; gegen Jahresende 1370 suchte er Linderung in den Heilquellen des heutigen Karlsbad, dem er damals das Stadtrecht verlieh. Gleich im darauffolgenden Jahr warf ihn auf dem Karlstein eine neue ernste Krankheit nieder, deren Charakter auch bei der unlängst vorgenommenen anthropologischen Untersuchung der Überreste seines Skeletts nicht festgestellt werden konnte. Offenbar befand er sich in Lebensgefahr, denn die verzweifelte Kaiserin Elisabeth pilgerte damals zu Fuß vom Karlstein nach Prag und stiftete dem heiligen Sigmund zur Unterstützung ihrer Bitten um Genesung des Gemahls acht Schälchen Gold, die der Ausschmückung seines Altars im St.-Veits-Dom dienen sollten. Heilige waren die

Ärzte

letzte Instanz und wurden erst dann bemüht, wenn ärztliche Kunst versagte.

Alle kaiserlichen Ärzte – aus den Quellen sind 16 bekannt – trugen den Titel eines Höflings, und sechs waren gleichzeitig Professoren an der Prager medizinischen Fakultät. Eine so enge Verbindung des Hofes mit der von Karl IV. selbst gegründeten Universität ist jedoch beinahe einmalig. Da alle Ärzte gleichzeitig dem geistlichen Stand angehörten, belohnte sie der Kaiser für ihre Dienste mit Kanonikaten, manchmal mit mehreren zugleich, die er für sie beim Papst erwirkte.

Als typisches Beispiel für ein derartiges Pfründesammeln sei der Arzt Johannes Witlonis aus Großglogau in Schlesien genannt. Obzwar nicht Professor, erfreute er sich großer Gunst beim Kaiser: Gleichzeitig hatte er das Kanonikat von Breslau, Großglogau, Liegnitz und wahrscheinlich auch von Wyschehrad inne. Für seine offenbar über die Medizin hinausgehenden Verdienste erhielt er außerdem direkt auf dem Gelände der Prager Burg, unweit des Westturms, ein Haus. Ansonsten erwarben die Ärzte gewöhnlich selbst Häuser in der Prager Altstadt und reihten sich in die Bürgerschaft ein.

*Hofarzt im Talar eines Universitätsprofessors reicht der Königin den Bericht
über das Untersuchungsergebnis. In den Händen hält er Uringläser,
auf seinen Knien liegt ein aufgeschlagenes Fachbuch, und am Gürtel
hängt ein Säckchen mit Instrumenten und Arzneien.
Miniatur aus der illuminierten böhmisch-mährischen Handschrift über das Schachspiel,
Tractatus de ludo scacorum, um 1430.
Vit. 25-6, fol. 31, Biblioteca Nacional, Madrid*

Wohl am berühmtesten war zu dieser Zeit die italienische Medizin. So ist es nicht verwunderlich, daß sowohl Karls erster Hofarzt, Thomas de Burgo, zum Jahre 1348 erwähnt, als auch der erste Professor der Prager medizinischen Fakultät, Balthasar de Marcellinis, aus Italien stammten.

In den sechziger Jahren war bei Hofe bereits eine ganze Reihe Ärzte tschechischer Herkunft tätig, unter ihnen der Meister Havel von Strahov (Gallus de Summo monte), so genannt nach dem Prager Prämonstratenserkloster am Laurenziberg. Er erlangte auch durch seine literarische Tätigkeit Berühmtheit: Zwei seiner Schriften widmete er dem Kaiser. Die erste mit dem Titel »Contra pestilentiam missum imperatori« handelt vom Schutz vor der Pest. Gegen Ende des 14. Jahrhunderts ins Deutsche übersetzt, erlangte sie unter der Bezeichnung »Prager Sendbrief« große Verbreitung. Die zweite Schrift – »Regimen sanitatis ad Carolum imperatorem« – gehörte zu den damals beliebten Schriften über gesunde Lebensweise; sie enthält noch heute aktuelle Ratschläge: Mäßigkeit in Speise und Trank sowie Verhütung von Streßsituationen. Wahrscheinlich ist Nikolaus Parler, der Sohn des Baumeisters und Bildhauers Peter Parler, der letzte Arzt des Kaisers gewesen, obwohl er das Medizinstudium noch nicht abgeschlossen hatte.

Neben diesen bei Hofe praktizierenden Ärzten erschienen gelegentlich auch herbeigerufene Ärzte am Kaiserhof, vermutlich Spezialisten, wiederum vorrangig aus Italien. So ist bekannt, daß ein gewisser Veneticus aus Modena vom Kaiser für eine gelungene Augenbehandlung 200 Gulden Jahresrente erhielt. Demgegenüber gibt es nur wenige Berichte über die »cirologi«, »chirurgi« (Wundärzte), die als Praktiker, also ohne einen akademischen Titel, einfache Eingriffe vornahmen.

Mit der ärztlichen Praxis im Zusammenhang standen die Apotheker. Auch sie kamen aus Italien. Während der gesamten Herrschaftsperiode Karls IV. war der Florentiner Angelo einziger Hofapotheker. In der Prager Neustadt besaß er einen großen botanischen Garten (etwa in der Höhe der heutigen Hauptpost in der Straße Jindřišská). Dieser wird als einer der ersten nichtklösterlichen Apothekergärten in Europa erwähnt. Nach späteren Berichten erging sich der Herrscher angeblich sehr gern in diesem Garten. (Angelos Apotheke stand auf dem heute Malé náměstí genannten Platz in der Altstadt, Haus Nr. 144; im gegenüberliegenden Haus seines Landsmannes und Kollegen Augustinus aus Florenz befindet sich noch jetzt eine Apotheke.) Angelo war mit Karls Kanzler Johann von Neumarkt befreundet, er gab auch den Anstoß zum Briefwechsel des Kanzlers mit Petrarca.

Die mittelalterliche Heilkunst kam nicht ohne die Astrologie aus. Gemeinhin glaubte man, gewisse physische Dispositionen, demnach ebenso Krankheiten, stünden, je nach Geburtsdatum, im Zusammenhang mit dem Tierkreiszeichen, und Sternenkonfigurationen beeinflußten menschliches Handeln, damit auch ärztliche Eingriffe. Astrologische Erwägungen treten in den Hofchroniken und der Korrespondenz ganz selbstverständlich in Erscheinung.

Die Astrologie war eine Art »angewandte Astronomie«, die am Prager Hof Tradition besaß und nachweisbar bereits in der zweiten Hälfte des 13. Jahrhunderts betrieben wurde. Karl verfügte in seiner Bibliothek über eine Reihe aus dieser Zeit stammender astrologischer Schriften und vergrößerte zweifelsohne deren Zahl noch. Es war wohl kaum ein Zufall, daß er bei seinem letzten Besuch in Paris im Jahre 1378 von seinem königlichen Neffen Karl V. als Geschenk einen heute leider nicht mehr erhaltenen Pokal bekam, auf dem die Himmelssphären mit den Tierkreiszeichen, die Zeichen der Planeten, der Fixsterne und deren Symbole dargestellt waren. Die Namen der Astronomen und Astrologen Karls sind unbekannt. Möglicherweise erfüllte diese Aufgabe der bereits erwähnte Arzt Gallus von Strahov, denn er war gleichzeitig Professor der Astronomie an der Prager Universität.

Astrologische Aspekte bestimmten auch den Zeitpunkt wichtiger Handlungen, der ansonsten unverständlich erscheint. Ein tschechischer Astronomiehistoriker legte unlängst dar, warum ein so bedeutendes Ereignis wie die Grundsteinlegung zur neuen Prager Brücke durch den Herrscher nicht am 15. Juni des Jahres 1357 – dem Namenstag des heiligen Veit, mit dem die Brücke ikonographisch im Zusammenhang steht –, sondern erst am 9. Juli erfolgte. Er stellte fest, daß gerade auf diesen Tag die Konjunktion der Sonne mit dem Saturn fiel; nach der Astrologie ist das der günstigste Tag im Jahr, da die Sonne den unseligen Einfluß des Saturn überwindet. Darüber hinaus befand sich der Löwe, das heraldische Symbol des böhmischen Königtums, im Aszendent. Für das festgelegte Datum sprach auch die damals beliebte Zahlenmystik. Es ergab sich aus der aufsteigenden und absteigenden Folge der arabischen Ziffern, deren Kenntnis am Hofe Karls IV. belegt ist. Aus der Folge 1 3 5 7 9 7 5 3 1 ist nicht nur das Datum, sondern auch die Uhrzeit ablesbar, zu welcher die Feierlichkeit stattfand: 1357, 9. Juli, 5 Uhr 31 Minuten.

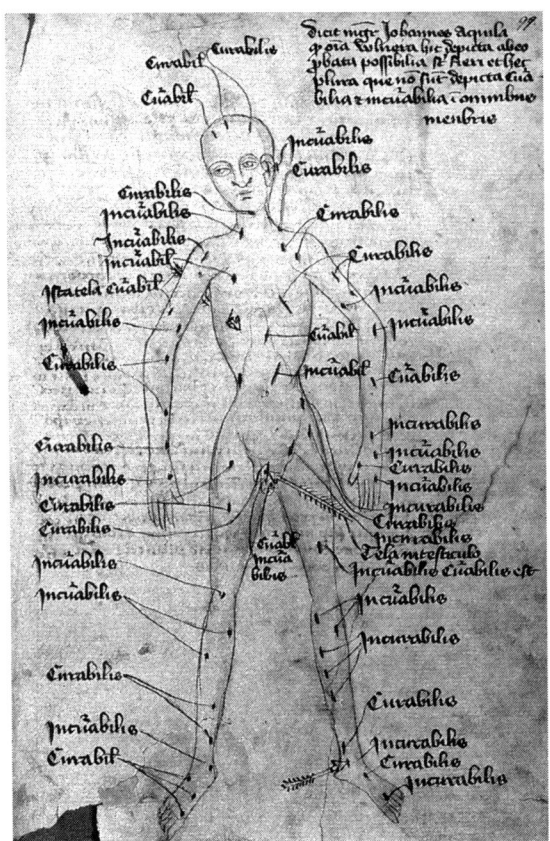

Vorstellung von der Anatomie des menschlichen Körpers
aus einer Sammlung medizinischer Texte aus dem Jahre 1399.
VI Fc 29, fol. 99,
Státní knihovna ČSR-Univerzitní knihovna, Prag

Die zeitige Morgenstunde möge niemanden überraschen: Karl IV. war von Jugend an Frühaufsteher.

Zahlenmäßig stärker vertreten als die Ärzte waren die Hofkaplane, denen die Sorge um das Seelenheil des Herrschers und seiner Familie oblag. Sie gehörten ohne Ausnahme zu den Höflingen und wurden in der Regel als tägliche Tischgenossen bezeichnet. Während der gesamten Regierungszeit Karls sind namentlich etwa 30 aufgeführt, aber das ist offenbar nur ein Bruchteil der tatsächlichen Anzahl. Eigene Kaplane hatten der Herrscher, seine Gemahlin und auch die heranwachsenden Prinzen und Prinzessinnen. Darüber hinaus lösten die Kaplane einander im Dienst ab, da sie Tag und Nacht im Palast weilen mußten. Mehr als bei jeder anderen Gruppe von Höflingen handelte es sich hier häufig nur um einen Ehrentitel. War nämlich zum Hofkaplan ein höherer geistlicher Würdenträger bestellt,

Hofkaplane

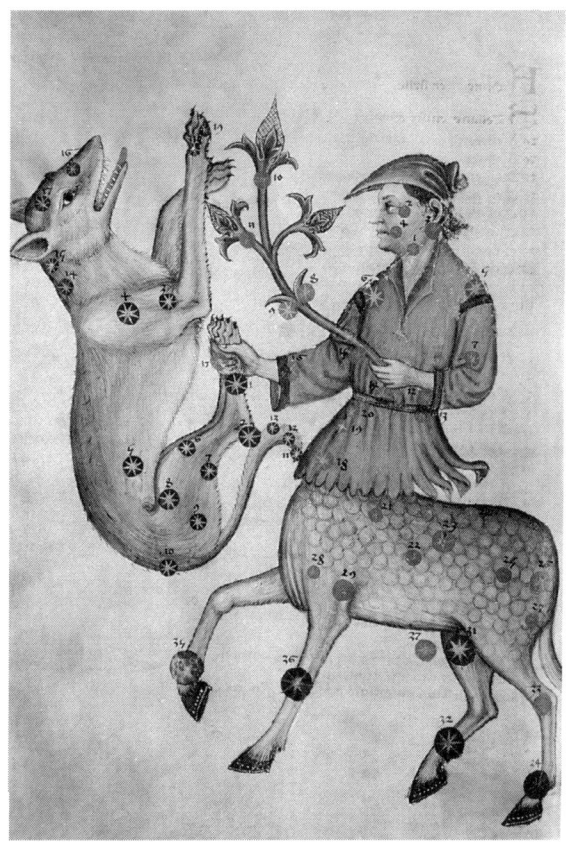

Sternbild Wolf aus dem astronomischen Atlas des Al-Schufi.
Abschrift norditalienischer Herkunft (Padua?),
nach 1350, ehemals im Besitz der Prager Hofbibliothek.
DA II 13, fol. 16ᵛ, Památník Národního písemnictví-Strahov, Prag

vielleicht sogar ein Bischof, so ist es schwerlich vorstellbar, daß er die sich aus dieser Funktion ergebenden Pflichten persönlich wahrgenommen hat.

Ureigenster Wirkungsbereich der Hofkaplane waren liturgische Handlungen in den Privatoratorien des Kaisers und die beständige Assistenz im Rahmen der religiösen Übungen des Herrschers und seiner Familie: Segnen der Speisen und Getränke, Vorbeten bei Tisch und beim Zu-

bettgehen, Vorlesen von Psalmen und Stundengebeten tagsüber und vor dem Schlafengehen, Abnehmen der Beichte und geistliche Beratung in den verschiedensten Situationen. Sie unterwiesen die Prinzen und Prinzessinnen in den Grundlagen der Religionslehre, offenbar auch im Lesen und Schreiben sowie in Fragen der Erziehung. Zu ihren Pflichten gehörten die Almosenpflege, d. h., sie hatten Sorge zu tragen für die Verteilung von Almosen unter die Bettler vor dem Palast und auf den Straßen, und ferner die Begleitung der Herrscherfamilie zu Gottesdiensten außerhalb des Palastes.

Mit nur kleinem Gefolge und ohne großen Pomp besuchte Karl IV. gern Messen berühmter Prediger in den Prager Kirchen. Diese Besuche gingen oft nicht ohne Störungen ab, da der Herrscher insbesondere den Vertretern der Reformbewegung offen seine Gunst bekundete, die sich mit Eifer für die Besserung des Lebens der Geistlichen und Laien einsetzten. Er wird kaum erwartet haben, daß die Kritik seinen Hof, oder seine Familie verschone, trotzdem berief er im Jahre 1362 den berühmten Wiener Hofprediger Konrad Waldhauser nach Prag. Dieser Augustinermönch empörte sich gegen den moralischen Verfall in den Klöstern, wodurch er die Prager Ordensbrüder gegen sich aufbrachte. Der Kaiser nahm ihn jedoch in Schutz. Waldhauser predigte auch gegen das üppige Leben weltlicher Personen und deren luxuriöse Kleidung. Deswegen ermahnte er sogar Elisabeth von Pommern in der Öffentlichkeit, als diese mit ihren Hofdamen seiner Predigt in der Kirche des heiligen Gallus in der Altstadt beiwohnte.

Eine noch schlimmere Erfahrung mußte der Kaiser selbst machen. Das ehemalige Mitglied der Hofkanzlei, Johann Militsch von Kremsier, mitgerissen von Waldhausers Aufrufen, verzichtete auf seine Kanonikatspfründen sowie jegliches Vermögen und widmete sich voll und ganz religiöser Tätigkeit. In einer seiner Predigten, die er in tschechischer und deutscher Sprache hielt, zog er sogar den anwesenden Kaiser persönlich für die verschiedensten Mißstände im Leben der Kirche zur Verantwortung. Von der Kanzel aus – so geschehen in der St.-Nikolaus-Kirche auf der Kleinseite oder in der St.-Ägidius-Kirche in der Altstadt – zeigte er mit dem Finger auf Karl IV. und bezeichnete ihn als Antichrist. Er wurde

dafür ins Gefängnis geworfen, aber als der Erzbischof Johann Očko von Wlaschim und dessen Theologen schriftlich bezeugten, daß er in seinen Predigten nicht von der Glaubenslehre der Kirche abgewichen sei, kam er bald wieder frei und konnte seine Predigertätigkeit fortsetzen.

Die intime Frömmigkeit im Prager Palast war zweifelsohne stark beeinflußt durch Karls Jugenderlebnisse am Pariser Hof. Diese unterschieden sich wohl kaum von denen, die die Dichterin Christine de Pisan ihren Zeitgenossen über den französischen König Karl V. zu berichten wußte: Jeden Morgen brachte ihm sein Kaplan das Brevier und begleitete ihn in die Palastkapelle, wo er in seinem separaten Oratorium, in Gebete versunken, die gesungene Messe hörte. Danach nahm er noch an einer weiteren stillen Messe teil. Der Besuch der Kapelle gehörte zum täglichen Zeremoniell. Der König widmete angeblich dem Gebet und dem Studium religiöser Texte ein volles Drittel des Tages.

Die Gewohnheit der Morgenmessen behielt Karl IV. aus der Jugendzeit bei. Damals bereits erhielt er nicht nur päpstlichen Indult für einen privaten Reisealtar, sondern auch das Vorrecht, sich die Messe noch vor dem Morgengrauen zelebrieren zu lassen. Aus dieser Zeit rührt seine Gewohnheit, die Marienstundengebete zu lesen, woraus zu schließen ist, daß er das Brevier ständig benutzte. Karls Frömmigkeit wird auch charakterisiert durch das häufige Empfangen der Sakramente. Den Leib des Herrn empfing er oftmals im Laufe des Jahres, obwohl nach den kanonischen Vorschriften einmal im Jahr, und zwar zu Ostern, völlig ausreichte. Viermal erhielt er die letzte Ölung, und sobald er das Empfinden hatte, mit einer Sünde belastet zu sein, beichtete er sofort. In seinen Gemächern war ständig eine Vielzahl von Reliquienschreinen mit den Gebeinen von Heiligen aufgestellt, denen nach damals

Reformprediger

Private Frömmigkeit

Orgelspielender Geistlicher.
Diese Musik diente zur Begleitung der Messen in den Kirchen und Palastkapellen.
Initiale aus dem illuminierten Brevier des Großmeisters Leo, 1356. XVIII F 6, fol. 31ᵃ,
Státní knihovna ČSR-Univerzitní knihovna, Prag

allgemein verbreiteter Überzeugung nicht nur heilbringende Wirkung auf die Seele, sondern auch auf den Körper zugesprochen wurde.

Berichte über Karls Kaplane deuten darauf hin, daß ihre Dienste vielfach die üblichen Pflichten überschritten. Bei einigen, besonders dann, wenn sie auch Beichtväter waren, wird ein gewisses Maß an geistiger Vertrautheit angenommen. Namentlich ist lediglich der Dominikaner Jan Moravec bekannt, ein führender Professor der Prager Universität, den der Kaiser auch mit diplomatischen Missionen betraute. Im übrigen war die Funktion des Hofkaplans wohl eher ein Sprungbrett für eine weitere Karriere am Hofe des Herrschers oder eines Erzbischofs. Im Kaplanstande verblieb scheinbar jeder nur so lange, bis er irgendeine Pfründe, insbesondere Pfarrpfründe, manchmal auch die eines Kanonikers, erlangt hatte.

Die Erzieher

Eine zahlenmäßig relativ kleine Gruppe bildeten die Erzieher der Prinzen und Prinzessinnen. Kaum ein anderer Bereich der Intimsphäre der mittelalterlichen Herrscherfamilien war so abhängig vom Hofmilieu wie gerade die Erziehung ihrer Kinder. Die Fürsorge der Eltern im modernen Sinne lernten sie wohl nie kennen, Leibdiener, Hofkaplane und die ihnen zugewiesenen Lehrer sollten diese ersetzen. Ein höhergestellter Höfling, der für die Erziehung verantwortlich zeichnete, gab die entsprechenden Instruktionen. Wenn die Kinder von Zeit zu Zeit den Eltern vorgeführt wurden, so geschah das mehr aus eingefahrener Gewohnheit als zur Kontrolle. Offenbar praktizierte man hier das weiter, was Karl als Kind selbst erlebt hatte, nämlich, daß Prinzen und Prinzessinnen die Kindheit auf einer der böhmischen Königsburgen verlebten; diese boten ihnen unter anderem ausreichenden Schutz vor den periodisch wiederkehrenden Pestepidemien, die vor allem in dichtbesiedelten Städten wüteten. Als geeignet erwiesen sich hierfür die Burgen im königlichen Jagdrevier, wie Křivoklát bzw. Žebrák, denn so erhielten sie von Zeit zu Zeit anläßlich einer Jagd Besuch von den Eltern. Die Prinzessinnen allerdings blieben nur kurze Zeit unter elterlicher Obhut. Es war allgemein üblich, daß sie im zartesten Kindesalter verlobt und sehr früh an den Hof ihres Bräutigams gesandt wurden.

Sofern Berichte über die Erziehung am Prager Hof erhalten sind, betreffen sie überwiegend Karls erstgeborenen Sohn. Während des Zweiten Weltkrieges wurden leider die Wandmalereien in der Kapelle des heiligen Mauritius bei der Sebalduskirche in Nürnberg zerstört. Das sogenannte Wenzelsbild beinhaltete neben dem Werben Karls IV. um Anna von Schweidnitz auch drei Szenen aus Wenzels Kindheit; eine Szene zeigte den kleinen Wenzel mit mehreren anderen Kindern beim Lernen unter der Anleitung des kaiserlichen Hofmeisters Burchard. Daß dieser hohe Beamte persönlich mit der Erziehung des Prinzen betraut war, ist auch urkundlich belegt. Es wird sich jedoch kaum um mehr als eine Art von Oberaufsicht gehandelt haben, wie sie später der Erzbischof Johann Očko von Wlaschim ausübte.

Mit den erzieherischen Bestrebungen Karls IV. wird auch manchmal sein Versuch, Francesco Petrarca ständig an den Prager Hof zu binden, in Zusammenhang gebracht. Der Dichter nahm die Einladung tatsächlich an (1361), begab sich sogar auf die Reise, unterbrach diese jedoch in Padua wegen der unsicheren Straßen. In Anbetracht des Alters des berühmten Humanisten – er zählte damals 67 Jahre – dachte der Kaiser sicher nicht an ein tatsächliches Wirken im Sinne des Unterrichtens, eher wohl an ein gewisses geistiges Führen von jener Art, die ihm damals in Frankreich seitens des Abtes von Fécamp, Pierre Roger, des späteren Kardinals und Papstes Clemens VI., zuteil wurde.

Ausbildung Große Aufmerksamkeit widmete man am Prager Hof dem Fremdsprachenunterricht. Dies entsprang der Überzeugung Karls IV., daß ein Herrscher nur dann richtige Entscheidungen treffen kann, wenn er die anstehenden Probleme auf der Grundlage von Lektüre und Gesprächen verstanden hat. Für die Ausübung der Reichspolitik hielt er die Kenntnis der deutschen, italienischen und tschechischen Sprache für erforderlich. Im Schlußkapitel der »Goldenen Bulle« empfiehlt er deshalb den Kurfürsten, ihre Söhne in diesen Sprachen unterrichten zu lassen, denn so »werden sie viel verstehen und von vielen verstanden werden«. Wenzel konnte als Junge bereits mit dem Hofmeister deutsch und dem Kaplan tschechisch sprechen. Die Kenntnis des Tschechischen und Deutschen war auch bei den Prinzessinnen üblich. Als Anna, Karls erstes Kind mit Elisabeth von Pommern, König Richard II. von England heiratete, brachte sie ein tschechisches und ein deutsches Evangeliar in ihre neue Heimat mit, die dort große Bewunderung hervorriefen; sie dienten als Argument für die Bemühungen um eine englische Bibelübersetzung. Die Prinzen lernten selbstverständlich auch Latein, das die bei allen führenden Angehörigen des Hofes übliche Zweisprachigkeit ergänzte. Im Archiv von Mantua wird ein Brief von Wenzel aufbewahrt, den er im Alter von sieben Jahren eigenhändig in sehr korrektem Latein an seinen Vater geschrieben hat und der nur geringfügige orthographische Fehler und Korrekturen aufweist.

Selbstverständlich erhielt Wenzel eine weidmännische Ausbildung, wobei die Jagd für den jungen Prinzen offenbar bereits von Kindheit an

Niccolò Beccari, italienischer Humanist.
Als Höfling Karls IV. und wahrscheinlich auch Erzieher seines Sohnes Sigmund
ermunterte er den Kaiser zu einem erneuten Romzug;
hier dargestellt mit dem personifizierten wehklagenden Italien.
Miniatur aus der »Goldenen Bulle« Wenzels IV., 1400.
Cod. 338, fol. 47ʳ, Österreichische Nationalbibliothek, Wien

eine echte Leidenschaft bedeutete. In einem seiner Briefe nennt ihn Petrarca »robustus venator« (tüchtiger Jäger). Zweifelsohne übte er sich auch in Turnierspielen und dem Umgang mit Hiebwaffen. Es hat den Anschein, daß Karl IV. jedoch aus übertriebener Angst um das Leben des Sohnes seine Bewährung auf dem Kampffeld nicht zuließ; es gibt keine Nachricht und keinen Hinweis darüber, daß er des Prinzen Tüchtigkeit öffentlich bestätigt hätte, indem er ihn zum Ritter schlug.

Fürstenspiegel Nicht wegzudenkender Bestandteil der Hofpädagogik war die Lektüre bzw. das Vorlesen der sogenannten Fürstenspiegel, aus denen sich die Prinzen eine Vorstellung über die idealen Eigenschaften eines Herrschers aneignen sollten.

Diesem Zweck diente wohl auch Karls Autobiographie »Vita Caroli«, die er zwischen 1365 und 1371 geschrieben hat. Wenzel direkt gewidmet ist jedoch der angeblich auf seine schriftliche Bitte um Belehrung verfaßte Fürstenspiegel. Das kleine, zu einem Drittel aus Petrarcas Schrift über die Notwendigkeit, sich vor Geiz zu hüten – »De avaritia vitanda« – übernommene und üppig mit Zitaten antiker Autoren durchsetzte Werk wurde lange für eine Schrift des Kaisers selbst oder wenigstens für eine von ihm inspirierte gehalten. In letzter Zeit zweifelt man jedoch daran ebenso wie an der Autorschaft des Kaiserhöflings Niccolò Beccari. Der Aufenthalt dieses Humanisten aus Ferrara in Tangermünde wird in der Regel mit der Erziehung der anderen Kaisersöhne Sigmund, des zukünftigen Kaisers und letzten großen Luxemburgers, und Johann, des späteren Herzogs von Görlitz, in Zusammenhang gebracht.

DIE HOFKÜNSTLER

Entgegen *späteren Zeiten*
unterschied das Mittelalter nicht zwischen Kunst und Kunsthandwerk.
Beide erfreuten sich gleichermaßen hoher Achtung am
Prager Hof, wo die Wertschätzung der Künstler, sowohl seitens der Přemysliden,
aber auch von der Tradition der Luxemburger her, üblich war.

Alle Künstler des Mittelalters waren Zunfthandwerker. Ihre Beziehung zu den Zünften blieb auch dann bestehen, wenn sie ausschließlich für den Herrscher und seinen Hof arbeiteten. Da jedoch die Zünfte schwerlich ihre Aufsichtspflicht über jemanden wahrnehmen konnten, der dem Herrscher diente, sich sogar im Höflingsstande befand, verfügte die höfische Kunst über einen recht großen Raum für freie schöpferische Entfaltung.

Eine besonders lockere Bindung an die Prager Zünfte besaßen die Bauhütten, die eine Art Zunftbereich für sich darstellten. Prag war zu Zeiten Karls IV. ein einziger großer Bauplatz. Außer der Kathedrale befanden sich weitere sieben große Kirchen mit Klöstern in Bau, dazu kamen in der Altstadt eine Markthalle gewaltigen Ausmaßes und um das Städtegefüge herum die siebentorige Stadtmauer. Dementsprechend gab es in Prag eine große Zahl überwiegend zum Hof gehörender Bauhütten. Die bedeutendste war die Dombauhütte, deren Wirken sich beinahe ausschließlich auf den Bau der Kathedrale von St. Veit, der Allerheiligenkapelle, der neuen Steinbrücke und ihres Altstädter Turms konzentrierte. Entsprechend dem Charakter dieser

Bau- und Steinmetzhütten

Arbeiten vereinten die Bauhütten Handwerker der unterschiedlichsten Berufe, angefangen bei Steinmetzen und Bildhauern bis zu Maurern und Zimmerleuten. Ihre Mitglieder kamen aus den verschiedensten Ländern und Städten, und erst, als sie sich nach längerem Aufenthalt in Prag eingelebt hatten, traten sie in engeren Kontakt zur städtischen Gemeinschaft und knüpften sogar familiäre Bande.

Ein gewisser Teil der Hüttenmitglieder befand sich jedoch nach Gesellenart auf Wanderschaft; mit einem neuen Hüttenmeister kamen neue Gesellen, und andere wiederum verließen die Hütte. Ein solcher Wechsel trat ein, als nach dem Tode des Matthias von Arras (1352) Peter Parler im Jahre 1356 an die Spitze der Prager Dombauhütte trat. Aus Schwäbisch Gmünd stammend, ließ er sich mit seiner Familie in Böhmen dauerhaft nieder. Der Sohn Nikolaus war, wie schon erwähnt, Hofarzt des Kaisers; der Sohn Johann heiratete die Tochter eines Kuttenberger Patriziers, und eine Tochter Peter Parlers vermählte sich mit einem Prager Goldschmied. Beide Dombaumeister – »magistri operis« – erfreuten sich großer Achtung und fanden ihre letzte Ruhestätte in der von ihnen erbauten Kathedrale.

Die Dombauhütte arbeitete auf dem Gelände um die Kathedrale, und ihre Angehörigen wohnten auf dem Hradschin. Dort besaß auch Peter Parler ein Haus. Die Werkmeister, Leiter der Hütten, waren nicht nur Projektanten und Baumeister. Peter Parler schuf auch hervorragende bildhauerische Arbeiten und entwarf gleichermaßen große Werke der Goldschmiedekunst. Seine Anregungen erhielt er von den verschiedensten künstlerischen und kunsthandwerklichen Werkstätten, deren Zusammenwirken bei so monumentalen Bauten wie der Kathedrale und dem Karlstein erforderlich war. An diese architektonischen Arbeiten knüpfte aufs engste die Herstellung von Fensterfüllungen für den Dom aus farbigem und bemaltem Glas an. Das Schleifen von Glas und Halbedelsteinen zur Verkleidung der Reliquientumben, aber auch der Wände von Bauwerken gehörte ebenfalls dazu. Ebenso ist die Herstellung von Bleiglasfenstern verbürgt.

Typisch höfische Künste waren die der Schleifer und Polierer von Halbedelsteinen, genannt »politores lapidum« oder »pulirer«. Die Prager Werkstätten erfreuten sich zu dieser Zeit neben denen in Paris und Venedig größter Berühmtheit; von einigen Meistern sind Name und Hofzugehörigkeit bekannt, z. B. Johannes, »pulier imperatoris«. Die hohe Leistungsfähigkeit der böhmischen Steinschneidekunst belegen noch heute die Inkrustationen und Wandverkleidungen in der Katharinen- und Heiligkreuzkapelle des Karlstein und der Wenzelskapelle im Dom. Aus der Fülle verwendeter Karneol-, Amethyst-, Chrysopras- und Chalzedonplatten ist zu schließen, daß sich sowohl in Prag als auch auf dem Karlstein eine beträchtliche Zahl dieser Werkstätten befunden hat.

Edelstein-Schnittmaterial wurde insbesondere von den Vorkommen an den Riesengebirgshängen sowie aus dem Müglitztal in der Grafschaft Dohna in Sachsen bezogen. Chrysoprase kamen aus der einzigen Fundstätte in der Nähe von Frankenstein in Schlesien. Die Steinschneider schnitten und schliffen auch Gefäße aus Kristall, Achat und Onyx und befaßten sich mit dem Schleifen und Polieren von Edelsteinen für kostbare Kleinodien wie Kronen, Reliquienschreine und selbstverständlich auch Schmuck. Es wird angenommen, daß diese Kunst zur damaligen Zeit in mindestens 20 Prager Werkstätten ausgeübt wurde.

Ein hohes Niveau erreichten auch Herstellung und Verarbeitung von Glas. Gefragt waren damals Edelsteinimitationen, insbesondere von Saphiren, für die Goldschmiedekunst und die Schmuckherstellung. Der Bauhütte lieferten die Glasmacherwerkstätten vergoldete Glasstürze, die die Kapellengewölbe auf dem Karlstein und in Tangermünde schmückten. Aus kleingewürfeltem böhmischem Glas schuf der Venezianer Nicoletto Senitecolo in den Jahren 1370/71 das berühmte Mosaik des Jüngsten Gerichts über der Goldenen Pforte der Kathedrale von St. Veit; hier handelt es sich um die einzige uns bekannte Anwendung dieser Mosaiktechnik nördlich der Alpen.

Schmiede stellten für die Bauhütte Nägel, Haspen, Haken und verschiedene Konstruktionen her. Kunstschmiede und Kunstschlosser lieferten ihr Gitter, Türbeschläge und Schlösser. Namentlich ist der Schmied Wenzel bekannt, der Meister des bis heute erhaltenen eisernen Pastoforiums in der Wenzelskapelle. In den Rechnungen für Arbeiten an der Kathedrale ist nachzulesen, daß er für dieses einzigartige, nach Zeichnungen von Peter Parler gefertigte Werk 20 Schock Prager Groschen erhielt.

Um die Bauhütte scharten sich ebenfalls Goldschmiede und Goldschläger, »auripercussores«.

Glasmacher

Edelsteinschneider und -schleifer

Kunstschmiede und -schlosser

Goldschmiede

Das Sujet des Turmbaus zu Babel diente dem Maler als Inspiration zur Darstellung der Arbeit in einer Bauhütte, wie er sie auf der Prager Burg erlebte.
Miniatur aus der deutschen Bibel Wenzels IV., um 1390.
Cod. 2759, fol. 10, Österreichische Nationalbibliothek, Wien

Glashütte zur Zeit Karls IV.
Aus der Kühlkammer werden typisch böhmische warzengeschmückte Kelche herausgenommen.
Illustration aus der tschechischen Übersetzung
der Reisebeschreibung des John Mandevill, Die Weltwunder, (vor 1420).
Ad. Ms. 24189, fol. 16, British Library, London

Letztere lieferten goldene Inkrustationen der Halbedelsteinplatten und Blattgold für die Illuminatoren und Tafelmaler, so daß sie auch zu den Malern gezählt wurden. Die Goldschmiede selbst waren nur organisatorisch der Bauhütte zugehörig, da die Stadtordnung vorschrieb, daß, im Hinblick auf die Notwendigkeit besonderer Aufsicht über die Arbeit mit einem so kostbaren Metall, die Goldschmiedewerkstätten entweder in der Stadt in einer Straße, der »Goldschmiedegasse«, oder an der Bauhütte konzentriert sein mußten.

Neben den Hofgoldschmieden arbeiteten mit Sicherheit auch die städtischen Goldschmiede für den Herrscher, die mehrere Dutzend Werkstätten in der »Goldschmiedegasse« (der heutigen Malá Karlova) der Prager Altstadt betrieben. Umfang und Qualität der Produktion standen der Pariser und Kölner kaum nach, zweifelsohne dank Karls persönlicher leidenschaftlicher Vorliebe für diese Kunst, die er von frühester Jugend an bis ins hohe Alter hegte. Die Freude an Goldschmiedearbeiten genoß er als echter Kenner auch während seines letzten Besuches im Jahre 1378 in Paris, als er sich die kunstvollen Schöpfungen der französischen Goldschmiede vorlegen ließ. Allein die Tatsache, daß im Gegensatz zur üblichen Anonymität der mittelalterlichen Künstler in den Quellen auch die Namen von Hofgoldschmieden verzeichnet sind – Meister Hanuš aus Köln, Gerhard von Dortmund, Kubín, Jiří und Jindřich, von denen man sogar weiß, daß sie Veränderungen an der Wenzelskrone vornahmen –, zeugt davon, daß sie sich eines Rufes wie Peter Parler erfreuten und beim Kaiser große Achtung und Gunst genossen. Karl IV. brachte seine Anerkennung auch gegenüber der im Jahre 1324 gegründeten Altstädter Goldschmiedezunft zum Ausdruck: Er widmete ihr die Inful (Bischofsmütze) des Schutzpatrons der französischen Goldschmiede, des heiligen Eligius, die er beim erwähnten Parisbesuch von seinem königlichen Neffen als Geschenk erhalten hatte. Die Zunft fertigte hierfür noch im gleichen Jahr ein goldenes Reliquiar in Gestalt einer Mitra mit einer dieses Geschenk verewigenden Inschrift.

Mit den Steinmetzhütten arbeiteten auch die Malerwerkstätten eng zusammen, besonders jene, die sich auf Wand- und Tafelmalerei spezialisierten. Sie befanden sich überwiegend bei der Dombauhütte und auf dem Karlstein. Eine der bedeutendsten arbeitete an der malerischen Ausgestaltung des Emmausklosters der slawischen Benediktinermönche in der Prager Neustadt. Ihre Wandmalereien gehören zusammen mit denen des Karlstein zu den berühmtesten Denkmälern der karolinischen Hofkunst.

Maler

Die Hofmaler waren Mitglieder der Malerzunft der Prager Altstadt. Die Zunft wurde im Jahre 1348 gegründet. Das bis ins Jahr 1527 geführte Zunftbuch ist als wertvolles Kulturgut überliefert. Die führenden Maler trugen den Titel eines Höflings und wurden nach französischem Vorbild mit ländlichem Grundbesitz belohnt. Bekannt ist eine Reihe von Namen, insbesondere aus Nachrichten über Hausbesitz auf dem Hradschin; bis auf wenige Ausnahmen sind diese jedoch nicht mit bestimmten Werken in Verbindung zu bringen. Der einzige urkundlich belegte Hofmaler, dessen Hand mit Sicherheit bekannte Malereien zugesprochen werden konnten, ist Meister Theodoricus, der die malerische Ausgestaltung der Heiligkreuzkapelle auf dem Karlstein ausführte. Seine Wandmalereien nicht gerechnet, schuf er etwa 130 Tafelbilder, die in der Kapelle nahezu vollständig »in situ« erhalten sind, was in Europa ohnegleichen ist. Im Jahre 1367 gewährte ihm Karl IV. für diese »hervorragende und sinnreiche« Ausgestaltung Steuerfreiheit für den ihm zuvor geschenkten Meierhof im Dorf Mořina unweit des Karlstein unter der Bedingung, daß er jährlich 30 Pfund Bienenwachs für Kerzen an die Burgkapelle liefere.

Im gleichen Ort besaß auch sein Vorgänger auf dem Karlstein ein Meiergut mit dreieinhalb Hufen Land und gleicher Steuerfreiheit. Es war der Wandmaler und »familiaris« Meister Nikolaus Wurmser aus Straßburg; im Jahre 1357 heiratete dieser nach Saaz in die Familie des Bürgers Klugel ein und kaufte sich drei Schock Jahresrente. Ihm werden die sogenannten Reliquienszenen und ein Teil der Malereien der Apokalypse zugeschrieben, vor allem die »Frau im Sonnengewand«, ein Kryptoporträt der Anna von Schweidnitz.

Dem dritten namentlich beurkundeten Hofmaler, Meister Oswald, war die malerische Ausgestaltung der Kathedrale zu St. Veit anvertraut, in der er auch begraben ist. Ihm wird die Mitwirkung am Werk des unbekannten Meisters des Emmauszyklus sowie die Autorschaft des Treppenzyklus im Großen Turm des Karlstein zugeschrieben. Er stammte ebenfalls aus dem Reich, erwarb das Prager Bürgerrecht und starb als reicher Mann.

Im Gegensatz zu den Schöpfern der Tafelbilder und Wandmalereien führten die Illuminatoren von Handschriften vorwiegend Auftragswerke für einzelne Höflinge aus und standen oft sogar in deren Diensten. Örtlich waren sie an die Skriptorien der Prager Klöster oder die Hof- bzw. erzbischöfliche Kanzlei gebunden. Die Höflinge wollten bei ihren Auftragswerken auch gern ihre Zugehörigkeit zum kaiserlichen Hof zum Ausdruck gebracht wissen, indem sie die Initialen der Handschriften mit dem Bild des Königs oder der Königin oder einem höfischen Zeremoniell schmückten. Höflinge in besonderer Vertrauensstellung ließen sich auf Votivbildern zusammen mit dem Herrscher in Anbetungsszenen darstellen.

Mittelalterliche
Herrscherhöfe besaßen nicht nur repräsentative Funktion, sondern waren
gleichzeitig ein wichtiges Instrument
der Regierungs- und Verwaltungstätigkeit des Herrschers.
Dieser Funktion mußte auch der Aufbau entsprechen.

Die Höflinge wirkten hier nicht nur auf Grund persönlicher Fähigkeiten, sondern vertraten gleichzeitig ein Geschlecht oder eine Familie, deren Bedeutung ihrem Amt förderlich war, deren Interessen sie andererseits in der kaiserlichen Politik zu berücksichtigen suchten.

So traten unterschiedliche Gruppierungen des Adels, der Patrizier und der geistlichen Elite in die politische Arena. Im Geflecht persönlicher und gruppenspezifischer Interessen verlangte die Wahl der Höflinge den Weitblick des Herrschers und eine glückliche Hand. Voraussetzung für das Interesse an einem Amt war jedoch für jeden Höfling die Anziehungskraft eines Hofes. Karl IV. verstand es wie kaum ein anderer, Dienste, die er verlangte, wohldurchdacht mit Gegenleistungen zu honorieren. Nur so vermochte er seinen Willen in Kreisen, an denen ihm gelegen war, wirksam durchzusetzen, auf von außen herangetragene Anregungen zu reagieren und aus weitgreifenden materiellen, politischen und geistigen Verbindungen der entsprechenden Gesellschaft und Zeit Nutzen zu ziehen.

Am Hofe Karls IV. wirkten auf unterschiedliche Weise Höflinge aller Ebenen; die führenden unter ihnen trugen den Titel eines Rates oder

Räte und Sekretäre aus den Reihen der Geistlichkeit

Sekretärs. Namentlich sind insgesamt etwa 200 belegt. Zwei wichtige Merkmale kennzeichneten sie: Ein Viertel gehörte dem Patriziat an, fast zwei Viertel waren Geistliche. Während das erstgenannte Viertel den Prager Hof dem Standard der fortgeschrittensten europäischen Höfe nahebrachte, weist der hohe Anteil der Geistlichkeit an den Ratgebern des Herrschers wieder auf Positionen des Mittelalters. In Paris gehörte dies bereits der Vergangenheit an.

Die Dominanz der Geistlichkeit in Regierungsdiensten stand nicht nur im Zusammenhang mit dem politischen Prinzip Karls IV., sich auf die Kirche zu stützen und sie für seine Ziele zu nutzen, sondern hatte auch andere zweckmäßige Gründe. Jeder, der höhere kirchliche Würden anstrebte, mußte notwendigerweise im kanonischen Recht bewandert sein. Gerade diese Bildung, über die Laienkreise in Mitteleuropa noch nicht verfügten, konnte sowohl in der Verwaltungs- und Kanzleitätigkeit des Hofes als auch in diplomatischen Missionen in hohem Maße von Vorteil sein. Der Geistlichkeit wiederum ebnete der höfische Dienst auf einfachste Weise den Weg zu Domherren- und Bischofspfründen, für deren Erlangung die Kandidaten sonst im

Heraldische Darstellung der Hausmacht Karls IV. Von links nach rechts:
Fürstentum Neiße, Breslau, Schweidnitz, Markgrafschaft Mähren,
Römisch-deutsches Reich, Königreich Böhmen, Herzogtum Luxemburg, Mark Görlitz,
Mark Bautzen und Markgrafschaft Niederlausitz.
Ostfassade des Altstädter Brückenturms, Prag

korrupten System des avignonesischen Papsttums große Mühe und vor allem bedeutende eigene finanzielle Mittel aufwenden mußten. Einem Angehörigen des Patriziats, den die aristokratische Gesellschaft anders als im klerikalen Gewand nicht akzeptierte, bot die geistliche Laufbahn in Verbindung mit der Karriere bei Hofe die einzige Möglichkeit, in die höchsten Kreise vorzudringen. Daher gehörte etwa ein Drittel der karolinischen Hofräte und Sekretäre im Geistlichenstand Patrizierfamilien an. Von solcher Herkunft waren der Kanzler Johann von Neumarkt und der mächtige Dietrich von Portitz, der aus Stendal stammende Bischof von Minden. Die Prälaten aus den Erbländern überwogen als Ratgeber Karls IV. zahlenmäßig ihre Kollegen aus dem Reich.

Geistliche Würdenträger waren auch die Professoren der Prager Universität (Personen im Laienstande stellten im Lehrkörper mittelalterlicher Universitäten eine seltene Ausnahme dar). Im Gegensatz zu Paris befanden sich nur wenige von ihnen unter den Beratern Karls IV. Universitätsgelehrte wurden offenbar vom Hofleben nicht besonders angezogen. Sie bevorzugten das relativ freie Milieu der Universitätsauditorien und Kollegs. Als Berater wären vor allem Professoren der Juristischen Fakultät in Betracht gekommen, überraschenderweise jedoch sind sie unter den Experten für juristische Fragen bei Hofe nicht zu finden. Der Kaiser begnügte sich mit den in erzbischöflichen Diensten bewährten Kennern des kanonischen Rechts; für diese wiederum war eine Universitätslaufbahn nicht erstrebenswert.

Auf dem System von Leistung und Gegenleistung beruhte auch die Beziehung Karls IV. zum Patriziat. Der Herrscher konnte nicht ohne stets verfügbaren Kredit, auf Reisen nicht ohne Bewirtung und auch nicht ohne aktuelle und schnelle Informationen auskommen. Das Großbürgertum wiederum hatte Interesse an Münz- und Steuerpachten, kirchlichen Pfründen sowie an der Unterstützung von seiten des Kaisers beim gesellschaftlichen Aufstieg – der Erlangung des Adelstitels.

Engste Beziehungen entstanden zwischen Karls Hof und dem Großbürgertum von Prag und Nürnberg. Von den übrigen Städten im Reich traten besonders Frankfurt am Main und Mainz hervor, in den Erbländern Brünn und Breslau. Nürnberg war bereits seit Beginn des 14. Jahrhunderts für jede Reichsregierung die wichtigste deutsche Stadt. Die Verbindung zum Hof hielt hier besonders die Patrizierfamilie Stromer. In Frankfurt spielte die Familie Paradies eine analoge Rolle. Siegmund von Paradies, Karls Gläubiger und freigebiger Gastgeber, war auch einer der wenigen Hofräte im Laienstande aus den Reihen des Bürgertums. Eine ähnliche Stellung nahm Heinz von Jungen aus Mainz ein, der als Generalbeherberger kaiserlicher Diplomaten auf Reisen durch das Rheinland gleichzeitig deren Unkosten und Aufwendungen verauslagte.

In den Erbländern hatte das durch verwandtschaftliche und kommerzielle Bande mit den Nürnberger Bankhäusern verknüpfte Prager Patriziat die bedeutendste Stellung inne. Neben der Gewährung von Krediten betätigte es sich auch in der Verwaltung der böhmischen Finanzen. Die Familie Velfl bekleidete das Amt des Unterkämmerers, d. h., sie verwaltete die Einkünfte aus 37 böhmischen Königsstädten, die Rotlews das Amt des Münzmeisters. Mit der Familie der Olbramowitz war auch der Schreiber der Kammer, Paul von Jenstein, verwandt, eine zentrale Gestalt in der Verwaltung der Hoffinanzen.

Das Verhältnis des Kaisers zum böhmischen Adel war diffizil. Auf dem Landtag im Jahre

Räte aus den Reihen des Patriziats

Altes Symbol der Macht des Prager Patriziats:
ältester Siegelstock der Prager Altstadt, vor 1280.
Archiv hlavního města Prahy

1355 hatte der Hochadel Karls Gesetzbuch abgelehnt. Das mächtigste Adelsgeschlecht, die südböhmischen Rosenberger, erhob sich zusammen mit seinen Verbündeten zweimal mit der Waffe in der Hand gegen den Herrscher, und der Streit endete 1356 nur mit einem Kompromiß. Danach kam es zwar nicht mehr zum offenen Konflikt, die Beziehung zum Kaiser blieb jedoch für immer getrübt. Karl IV. brauchte allerdings den böhmischen Adel, und zwar nicht nur aus politischen Gründen – bis zur Geburt des Thronfolgers war von seiner Zustimmung abhängig, ob die böhmische Krone dem Geschlecht erhalten blieb –, sondern auch aus militärischer Sicht. Kontingente des böhmischen Adels bildeten die Grundlage der bewaffneten Begleitscharen auf beiden Romzügen und waren bei eventuellen kriegerischen Konflikten unersetzlich. Nur dank seiner staatsmännischen Kunst gelang es Karl IV., im Zusammenwirken mit dem böhmi-

Räte aus den Reihen der Aristokratie

schen Adel einen modus vivendi zu finden. Dies illustriert der schon beschriebene Wappensaal der Burg Lauf sehr anschaulich, wo die Mehrzahl der böhmischen Adelsgeschlechter, sogar die Rosenberger, als Höflinge belegt sind. Nur wenige sind hier nicht vertreten, wobei unbekannt ist, ob es sich um eine Oppositionsbekundung ihrerseits oder eine Absicht Karls handelte.

Im Beraterkollegium allerdings waren nur einige Geschlechter präsent, und zwar keinesfalls die mächtigsten, so die Herren von Welhartitz, Wartemberg, Hasenburg, Osek, Pardubitz, Wlaschim oder Jenstein. Den Weg nach oben fanden sie über einflußreiche und einträgliche Hofämter, im Amt des Landeshauptmanns in Schlesien, in der Oberpfalz oder der Lausitz und in hohen geistlichen Ämtern. Zum böhmischen Hofadel zählten die böhmischen Kronvasallen, die auch fremder Herkunft sein konnten, wie das Meißener Geschlecht derer von Kolditz.

Auf Lehensbanden beruhte auch die Verbindung des Hofes mit der Aristokratie der übrigen Kronlande. Den mährischen Bereich vertraten neben Karls Bruder, dem Markgrafen Johann Heinrich, dessen Sohn Jobst und den Olmützer Bischöfen noch die Troppauer Herzöge aus der unehelichen Linie der Přemysliden. Schlesien repräsentierten die Fürsten der Piasten, insbesondere aus dem oberen und mittleren Teil des Landes (Teschen, Oppeln, Brieg, Münsterberg, Liegnitz).

Das verbleibende reichliche Viertel der Hofräte und Sekretäre waren Reichsfürsten und -grafen. Sie gehörten zu den traditionellen Stützen der Königsmacht im Reich und kamen aus Franken (die Nürnberger Burggrafen von Hohenzollern, ferner die Familien Hohenlohe, Leuchtenburg und Henneberg), aus Schwaben (die Oettingener) und aus dem Gebiet des mittleren Saalelaufes (die Grafen von Schwarzburg), zum anderen aus dem mittleren Rheinland (die Adelsgeschlechter Leiningen, Hanau und Nassau).

Räte und Experten

Das Amt der Hofräte war vielgestaltig. Die ehrenhalber ernannten ausgenommen, bildeten die für bestimmte territoriale Gebiete oder spezielle Fragen zuständigen Räte jeweils eine besondere Gruppe. Ging es vornehmlich um die komplizierten Verhältnisse in Italien oder um die hohe Kirchenpolitik, lag die Beratungsfunktion bei Italienern und Franzosen. Karl IV. hatte darüber hinaus auch »seine« kurialen Kardinäle, die gegen großzügige Belohnung die kaiserlichen Interessen wahrnahmen und durchsetzten. Der mit ihm entfernt verwandte Kardinal Guy de Boulogne besaß einige Jahre (1352–1367) das Amt des Propstes des St.-Veits-Kapitels. Sein Nachfolger im Titel, »der Florentiner Kardinal« Pietro Corsini, bezog eine Jahresrente von 1000 Gulden! Zu den Beratern Karls IV. auf dem Gebiet der kurialen Politik gehörte auch der Generalral des Dominikanerordens Simon de Langres, der ranghöchste Beamte der Inquisition und Berater Urbans V. Dieser »consiliarius intimus« besuchte regelmäßig den Prager Hof und berief im Jahre 1359 die Generalversammlung des Ordens nach Prag ein, die zur berühmtesten in der bisherigen Ordensgeschichte wurde. Karl IV. unterstützte andererseits beim Papst seine Bemühungen um den Kardinalshut.

Das Kabinett Karls IV.

Über den größten Einfluß verfügten die Räte und Sekretäre, die Ratsmitglieder, also eine Art Minister im Kabinett Karls IV., waren. Der Rat stellte allerdings kein geschlossenes Organ mit konstanter Mitgliederbasis dar und besaß weder Entscheidungsrecht noch Beratungsmonopol. Es lag im Ermessen des Herrschers, worüber er selbst zu entscheiden geruhte, worin er sich zu beraten geneigt war und was er dem Rat zur Erledigung anvertraute. Im Verhältnis zum französischen oder englischen Hof verfügte der Rat über wesentlich weniger Mitglieder und war nicht in Ressorts untergliedert mit einer nach genauen Richtlinien vorgehenden Beamtenschaft. Die Mitglieder des karolinischen Kabinetts konnten – je nach Bedarf – ebensogut in der Diplomatie wie in der Politik bzw. im Militärwesen eingesetzt werden, obgleich bei den meisten sicher eine der Tätigkeiten überwog. »Sein Rat beschränkte sich auf einige wenige Adlige und einen Patriarchen«, berichtete der Florentiner Chronist Matteo Villani, »allerdings entschied er mehr selbst, da sein Verstand mit schlau beherrschter Arglist der Meinung der anderen zuvorkam.« Für das römisch-deutsche und böhmische Königreich gab es nur einen gemeinsamen Rat. Er trat offenbar täglich in Aktion und zählte etwas mehr als zehn Personen. Neben den ständigen Mitgliedern nahmen an den Zusammenkünften auch zusätzlich geladene Personen teil. In den Formelbüchern der kaiserlichen

Kanzlei findet sich auch das Muster einer Einladung für die am nächsten Tage stattfindende Ratssitzung mit der Angabe, wen der Geladene außerdem mitzubringen hatte.

Über die Auswahl seiner Mitarbeiter äußerte sich Karl IV., angeregt durch Lektüre sowie persönliche Erfahrungen, in seinen »Moralitäten« mit folgenden Worten: »Es steht einem König wohl an, wenn er wünscht, jemand unter seinen Höflingen möge ihm dienen, zunächst dessen Sitten und wie er sich selbst, sein Haus und seine Gefährten beherrscht, kennenzulernen. Und stellt er dann fest, daß jener von Natur gut und ein guter Verwalter seiner eigenen Angelegenheiten ist, die Gesetze einhält und geduldig mißliche Ereignisse erträgt, die ihm widerfahren, so möge er ihn getrost in seinen Dienst nehmen.«

Karls Minister erfüllten in der Tat diese Anforderungen. Er lernte sie bereits zu einer Zeit näher kennen, als er noch Markgraf von Mähren und Thronfolger war, sie standen mit ihm die schwierigen Zeiten der Ungnade des Vaters durch und begleiteten ihn auf seinen gefahrvollen Reisen. Zweifellos eignete er sich im Umgang mit ihnen die tschechische Sprache wieder an, nachdem er als des Vaters Mitregent aus Italien zurückgekehrt war. Sie stellten nicht nur ihre Fähigkeiten, sondern auch ihre Treue unter Beweis; und Karl IV. vergalt sie ihnen und ihren Söhnen in gleichem Maße: Er erhob sie zu höchsten Ehren und verlieh ihnen Ämter in den verantwortungsvollsten Positionen.

Vorsitzende des Rates waren in gewissem Sinne die Prager Erzbischöfe. Dabei ging es nicht nur um die symbolische Verbindung von »Thron und Altar«. Indem er die Mehrzahl der Territorien unter der Krone Böhmens vereinte – der Widerstand des polnischen Königs verhinderte, daß auch Schlesien Prag kirchlich untergeordnet wurde –, stellte der Prager Metropolitenstuhl eine Organisation dar, die auf der Ebene des politischen Verwaltungsapparates des Herrschers ohne ihresgleichen war. Darüber hinaus gehörten die Prager Erzbischöfe seit dem Jahre 1365 zu den ständigen päpstlichen Legaten, denen die Diözesen in Regensburg, Bamberg und Meißen unterstanden. Im Hinblick auf ihre einflußreiche Stellung achtete Karl IV. sorgfältig darauf, daß dieser erzbischöfliche Stuhl nicht in die Hände eines Angehörigen des böhmischen Hochadels gelangte. Die Prager Erzbischöfe – Personen mit großem Weitblick und hervorragenden persönlichen Eigenschaften – gehörten alle zum Kreis seiner ältesten Vertrauten.

Beinahe 20 Jahre lang stellte der Erzbischof Ernst von Pardubitz eine Stütze der Herrschaft Karls IV. dar. Matteo Villani, persönlich mit ihm bekannt, charakterisierte ihn als »Prälaten von großer Autorität und in den Weltläuften erfahrener Mann«. Er war etwa zehn Jahre älter als der Herrscher und entstammte einem unbedeutenden ostböhmischen Geschlecht. Die Jugend verbrachte er auf der wichtigen, damals zu Böhmen gehörenden Königsburg Glatz, wo sein Vater das Amt des Burggrafen innehatte. Vierzehn Jahre lang befand er sich zu Studien in Bologna und Padua und erwarb das Lizentiat des Kirchenrechts. Offenbar war es der Mangel an finanziellen Mitteln, der dem Erwerb des Doktorats im Wege stand. Es ist nicht auszuschließen, daß er bereits während des Aufenthaltes in Italien näher mit Karl bekannt wurde. Dieser unterstützte dann seine Kandidatur für den freigewordenen Prager Bischofsstuhl. Ernst stellte bald seine diplomatischen Fähigkeiten in einer großen Gesandtschaft bei der Kurie unter Beweis: Er erwarb sich besondere Verdienste um die Erhebung des Prager Bistums zum Metropolitenstuhl und nahm diesen auch als erster ein. Er baute die Prager Kirchenprovinz mit einem dichten

Ernst von Pardubitz, erster Prager Erzbischof und Kanzler der Universität.
Sandsteinbüste von Peter Parler, 1375 bis 1378.
Inneres Triforium des St.-Veits-Doms, Prag

Netz von über 3500 Pfarreien dergestalt auf, daß sie Jahrhunderte überdauerte. Als Inhaber dieses Amtes wurde er auch Kanzler der neugegründeten Universität und in den ersten Jahrzehnten ihr entscheidender Organisator. Als Kirchenfürst erfüllte er mit einem damals seltenen Verantwortungsgefühl sein Hirtenamt. Sehr wohl sah er die Zeichen für den Niedergang des geistlichen Lebens und setzte sich für Reform und Abhilfe diesbezüglich ein. Die beim Kaiser genossene Autorität muß sehr groß gewesen sein; bis zuletzt war er sein »alter ego«. Der Biograph des Ernst von Pardubitz, der eng vertraut war mit den Vorgängen hinter den Kulissen der avignonesischen Kurie, schrieb, daß nur seine Nationalität – er war weder Franzose noch Italiener – das Hindernis darstellte, weswegen ihm nach dem Tode Innozenz' VI. die Tiara nicht zufiel.

Ernsts Nachfolger wurde ein weiterer Intimus Karls IV., Johann Očko von Wlaschim. Etwas älter als sein Vorgänger, war er als Sekretär eher

Johann Očko von Wlaschim

in vertraute Beziehung zum jungen Karl getreten. Sicher leistete er ihm unschätzbare Dienste, denn Karl erwirkte im Jahre 1351 für ihn eine der reichsten Pfründen, das Bistum Olmütz, die ein fürstliches Auftreten gestattete. Nur selten jedoch hielt sich Johann Očko dort auf; er lebte ständig am Hofe. Vor allem Politiker, Diplomat und – wenn nötig – auch Militär, erfreute er sich eines solchen Vertrauens, daß ihm der Herrscher für die Zeit seiner Abwesenheit die Statthalterschaft in Böhmen anvertraute. Für seelsorgerische Tätigkeiten hatte er wohl nicht den rechten Sinn, nichtsdestoweniger schützte er durch seine Autorität die Kritiker der kirchlichen Mißstände. Gegen Ende seines Lebens schmückte ihn Papst Urban VI. mit dem Kardinalshut.

Keiner geringeren Gunst des Kaisers erfreute sich der Bruder Johann Očkos von Wlaschim, Paul von Jenstein; als langjähriger Schreiber der Kammer (1351–1374) und »graue Eminenz« überwachte er die kaiserlichen Finanzen. Die ehemalige Patrizierfamilie, noch im Dienst des Königs Johann von Luxemburg zu Reichtum gekommen, hatte es zum Landadel gebracht und zum Besitz der Burgen Wlaschim und Jenstein in Mittelböhmen, nach denen sich die Brüder nannten. *Familie Jenstein*

Paul besaß einen Palast in der Prager Neustadt (in Zderaz), wo sich offenbar auch die Kanzlei der Kammer befand. Von Zeit zu Zeit nahm der Kaiser sein Mittagsmahl bei ihm ein. Karls Schwäche für die Familie Jenstein übertrug sich auch auf Pauls Sohn Johann. Er verlebte eine ungebundene Jugendzeit in der Prager Hofgesellschaft. Dank seiner bis in die höchsten Kreise reichenden Beziehungen verschaffte ihm der Vater bereits im Knabenalter einige einträgliche Pfründen, unter anderem die Propstei in Trier und Kanonikate in Prag und Olmütz. Der allseitig begabte Johann studierte an den Universitäten von Prag, Bologna, Padua und in den Jahren 1373 bis 1375 Jura in Paris. Hier hatte er Zugang zum Hofe, und der König selbst bot ihm eine Universitätskarriere an. Diese übte jedoch wenig Anziehungskraft auf ihn aus, er genoß lieber sorglos die Welt, so daß er trotz seiner hohen Einkünfte Anleihen aufnehmen mußte. Als den Sechsundzwanzigjährigen in Paris die Nachricht erreichte, daß ihm unerwartet das Bistum Meißen in den Schoß gefallen war, erregte ihn mehr als die Nachricht selbst die Tatsache, daß ihn der Bote deshalb im Schlafe störte, obwohl es beinahe Mittag war. »Herr«, rief der aufgebrachte Bote, »du bist undankbar gegenüber Gott und den Menschen. Bringe ich dir nicht ohne jegliches Zutun deinerseits ein berühmtes Bistum, für das andere, um es zu erlangen, die halbe Welt abgelaufen hätten?« Diese Begebenheit, die Jenstein später in seiner Autobiographie aufzeichnete, ist beredtes Zeugnis für die fortgeschrittene Vetternwirtschaft in der späten Herrschaftsepoche Karls IV., als bedeutsame Pfründen nicht mehr Belohnung für Verdienste, sondern nur Ergebnis einflußreicher Beziehungen waren. Es nimmt deshalb nicht wunder, daß der gleiche Jenstein von seinem Onkel, Johann Očko von Wlaschim, im Jahre 1378 auch das Prager Erzbistum »erbte« (1378–1400).

Der einzige, der eine gewisse Zeitlang eine mit den Prager Erzbischöfen vergleichbare Stellung einnahm, war Dietrich von Portitz. Er entstammte einer Familie von Tuchhändlern aus der deutschen Stadt Stendal, trat dem Zisterzienserorden bei und war bereits vor dem Jahre 1346 für die Luxemburger Diplomatie tätig. Dafür erhielt er ein Bistum in Schleswig und bald danach das Bistum Minden. Dietrich galt als Diplomat von europäischem Rang. Er war es auch, der bei der Kurie Karls Kaiserkrönung in Rom verhandelte. Bald stellte er zudem seine Fähigkeiten als *Dietrich von Portitz*

Boten der Hofkanzlei. Am Gürtel befestigt trugen sie besondere Behältnisse für die Urkunden,
die sie einem Adressaten edler Herkunft zustellten (Abb. unten).
Kolorierte Federzeichnung aus der sogenannten Velislav-Bibel, vor 1350.
XXIII C 124, fol. 33^b, Státní knihovna ČSR-Univerzitní knihovna, Prag

Finanzmann unter Beweis und führte erfolgreiche Verhandlungen über die Gewährung von Krediten zur Absicherung der großen Reichstage in Nürnberg (1355) und Metz (1356). Ihm wurde der Titel »Oberster kaiserlicher Beamter und Hauptmann« verliehen. Der Kaiser überhäufte ihn wie keinen anderen mit Anerkennungen sowie bedeutenden materiellen Gunstbeweisen, belehnte ihn mit mehreren böhmischen Burgen und ernannte ihn im Jahre 1360 zum Propst des Wyschehrader Kapitels. Dies war die einträglichste böhmische Pfründe: Zu ihr gehörten etwa 40 Dörfer und weitere Einkünfte. Als der Kaiser im Jahre 1361 für Dietrich von Portitz das Amt des Magdeburger Erzbischofs erwirkte, vertraute er ihm damit gleichzeitig die Wahrnehmung seiner Interessen an damals exponierter Stelle seiner Hausmachtpolitik an.

Eine weitere bedeutende Stellung im Kabinett Karls IV. nahm der Kanzler ein. Die Hofkanzlei war gleichermaßen für das Reich und das Königreich Böhmen zuständig und bezeichnete sich dementsprechend auch als »Kaiserliche Hofkanzlei«.

Ihre Mitarbeiter waren bis auf wenige Ausnahmen Kleriker, meist mit kanonischer Bildung. Gerade die Kanzlei bot den Angehörigen des Großbürgertums und des niederen Adels die günstigste Gelegenheit zur Karriere bei Hofe oder zur kirchlichen Laufbahn. Das traf auch auf die höchsten Kanzleibeamten, Notare und Protonotare, zu, die oft den Titel eines Rates bzw. Sekretärs trugen. Zahlreiche Schreiber, Registratoren, Siegelbewahrer sowie Boten standen zur Verfügung und gingen ihnen zur Hand. Das Amt des Kanzlers bedeutete eine besondere Vertrauensstellung, war doch der Kanzler in die geheimsten Aktivitäten des Herrschers eingeweiht. In den Jahren 1353 bis 1374 hatte dieses Amt Johann von Neumarkt inne. Ähnlich wie die beiden Erzbischöfe war er mit Karl noch aus dessen Zeit als Statthalter verbunden. Er entstammte einer großbürgerlichen Familie, die über verwandtschaftliche Beziehungen zum Prager und Brünner Patriziat verfügte. Als Geistlicher erwarb er juristische Bildung und trat im Jahre 1346 in der Kanzlei als Notar in Erscheinung. Materielle Sicherstellung bot ihm eine pfarramtliche Pfründe in der schlesischen Stadt Neumarkt, die in der Regel für seinen Geburtsort gehalten wird. Er machte bald auf sich aufmerksam, so daß Karl bereits im Jahre 1351 für ihn das Bistum Naumburg erwirkte. Nach zwei Jahren ernannte er ihn zum Kanzler. Johann von Neumarkt erwies sich bald als unersetzlich wegen seiner Vielseitigkeit und seiner hervorragenden Organisationsgabe in der Hofkanzlei, die im Laufe der Herrschaft Karls IV. etwa 10 000 Urkunden und Schriftstücke ausfertigte.

Als im Jahre 1364 Johann Očko Erzbischof wurde, fiel dem Kanzler dessen reiches Olmützer Bistum zu. Offenbar aus Rücksicht auf seine Gesundheit trat er im Jahre 1374 von seinem Amt zurück. Karl IV. besetzte das Amt des kaiserlichen Hofkanzlers bis zum Ende seines Lebens nicht wieder – wohl als Ausdruck der Hochachtung gegenüber Johann von Neumarkt. Die Kanzlei führte in Vertretung der Protonotar Nikolaus Simonis von Riesenburg weiter.

Während in der Kanzlei alle Fäden der kaiserlichen Politik zusammenliefen, war der Zentralnerv der Finanzverwaltung die sogenannte Kammer, die die Einkünfte aus den verschiedensten Quellen sowie sämtliche Ausgaben verzeichnete. Diesen Verwaltungsbereich leiteten – neben dem erwähnten Kammerschreiber – die Kammermeister; an ihrer Spitze stand der Oberste Kammermeister, der gleichzeitig ständiges Mitglied des Rates war. Da die Einkünfte aus dem Königreich Böhmen einen Eckpfeiler des herrschaftlichen

Kanzler Johann von Neumarkt

Kammermeister

Albrecht von Sternberg als Bischof von Leitomischl
und Karl IV. beten gemeinsam Christus den Schmerzensmann an.
Initiale aus dem illuminierten Pontifikale Albrechts von Sternberg, 1376.
D G 119, fol. 34ᵛ. Památník Národního písemnictví – Strahov, Prag

Finanzgefüges darstellten, war die Kammer Karls IV. im Prinzip eine Domäne des mit den Prager und Nürnberger Bankhäusern verbundenen böhmischen Adels. Das Amt des Obersten Kammermeisters übte lange Jahre (1350–1361) Zbynko Zajíc von Hasenburg und nach ihm (1361–1383) Thimo von Koldic aus.

Nicht wegzudenken in ihrer Funktion als Mitglieder des Rates sind zwei weitere hohe Beamte – der Hofmarschall und der Hofmeister. Das alte Amt des Marschalls, seit dem 14. Jahrhundert, ähnlich wie das des Truchsesses und des Mundschenks, nur ein bei festlichen Anlässen ausgeübtes Ehrenamt, hatten im Reich die sächsischen Kurfürsten als Erzamt inne, als Ehrenamt die Grafen von Pappenheim, im Königreich Böhmen das Geschlecht der Herren von Lipá. Die tatsächlichen Arbeiten führte der Hofmarschall aus, der am Hofe Karls IV. stets ein böhmischer Adliger war. Lange Zeit wirkte der Sohn eines alten Ver-

Marschälle und Hofmeister

79

trauten des Herrschers – Buschek d. J. von Welhartitz – in diesem Amt. Dem Hofmarschall oblag die Oberaufsicht über das Hofleben in seinen Beziehungen nach außen, also auch über alle Reiseangelegenheiten, sowie die Gästebetreuung. Bei der Organisation der Reisen des Kaisers durch das Reich oder durch Italien unterstützte ihn einer der Pappenheimer. Das Amt des Hofmeisters ist jüngeren Datums. Es bestand in der Aufsicht über die Palastdienerschaft. Zusammen mit dem Hofmarschall übte der Hofmeister auch die Gerichtsbarkeit über die Dienerschaft und die Höflinge überhaupt aus. Häufig vertrat er den Kaiser beim Reichshofgericht.

Langjähriger Hofmeister Karls IV. war der Magdeburger Burggraf Burchard, Graf von Hardeck, nach Aussage seines Freundes, des Kanzlers Johann von Neumarkt, ein Mann mit hohen sittlichen Qualitäten. Seine tiefe Frömmigkeit hat bestimmt zu seiner Beliebtheit beim Kaiser beigetragen. Obwohl im Laienstande, las er täglich im Brevier. Karl IV. vertraute ihm auch unbedenklich geheime diplomatische Missionen bei der Kurie an. Die letzte nahm für ihn beinahe ein tragisches Ende. Burchard wurde infolge unwahrer Informationen ein Opfer der Rache französischer Kaufleute, die ihn auf der Reise aus Avignon entführen und in verschiedenen Verstecken in Spanien und auf Sardinien gefangenhalten ließen. Erst nach einem halben Jahr wurde auf energisches Eingreifen des Papstes hin seine Befreiung erwirkt. Nach dem Weggang Dietrichs von Portitz nach Magdeburg und nachdem Burchard die niederen Weihen empfangen hatte, setzte ihn der Kaiser zur Belohnung für treue Dienste als Propst des reichen Wyschehrader Kapitels ein. Burchard starb bei Modena während des zweiten Romzuges, und kaiserlicher Hofmeister wurde von 1368 bis 1378 der tschechische Adlige Peter von Wartenberg und Kost.

Nur als gelegentliche Mitglieder des Rates fungierten die ständig in wichtigen diplomatischen Missionen reisenden Persönlichkeiten. Ein Diplomat in diesem Rang war der Reichsprälat Marquard von Randeck. Der Herkunft nach Ritter und Altersgenosse Johann Očkos von Wlaschim, trat er früh in Karls Dienste, für die er mit dem Bistum Augsburg (1348–1365) belohnt wurde. Seine große Karriere begann während des ersten Romzuges, wo er zum Generalhauptmann in Italien ernannt wurde. Da er als ein Experte in italienischen Fragen galt, erwirkte der Kaiser 1365 seine Berufung in die wichtige Funktion des Patriarchen von Aquileia. Marquards Platz bei Hofe nahm der Reichsprälat Lamprecht von Brunn, Bischof von Speyer (1364–1371) und Straßburg (1371–1374) ein, der sich besonders in den Verhandlungen um die Wahl Wenzels zum römisch-deutschen König verdient gemacht hatte.

Als in den sechziger Jahren Karls dynastische Politik durch Bestrebungen zur Gewinnung von Brandenburg und später um die Thronfolge in Polen nach der Piasten-Anjou-Dynastie eine neue Dynamik erlangte, waren einige schlesische, vielfach mit dem Krakauer und Budaer Hof verwandtschaftlich verbundene Fürsten von Nutzen. Sie hatten sich bereits früher als Vertreter des Kaisers beim Reichshofgericht bewährt, wo sie sich mit den deutschen Aristokraten gegenseitig ablösten. Auf diplomatischem Feld trat hier besonders Přemysl von Teschen, der spätere Unterhändler bei der Vermählung von Prinzessin Anna mit Richard II. von England, in Erscheinung.

Eine bedeutende Persönlichkeit unter den Prälaten des böhmisch-mährischen Umfeldes war Albrecht von Sternberg, Angehöriger eines alten Geschlechts, und zwar seines mährischen Zweiges. Er gehörte zu den einflußreichsten

Führende Diplomaten

Hofmeister Burchard

Albrecht von Sternberg

Räten der jüngeren Generation und erhielt bereits im Alter von 26 Jahren den Bischofsstuhl in Schwerin (1356–1365), den er später gegen den des Bistums Leitomischl vertauschte, als dieser nach dem Weggang Johanns von Neumarkt nach Olmütz vakant geworden war. Auch auf militärischem Gebiet kannte er sich aus. Es hat den Anschein, als habe er sich in seiner Rüstung und zu Pferde wohler gefühlt als unter der Mitra vor dem Altar. Offenbar entsprach Papst Urban V. nur mit gewissen Bedenken dem Ersuchen des Kaisers, Albrecht von Sternberg nach dem Tode Dietrichs von Portitz zum Erzbischof von Magdeburg (1369–1371) zu ernennen. Albrecht erfüllte Karls Erwartungen in dieser Stellung auch nur zum Teil und verstrickte sich allzusehr in Streit und Fehden mit dem Domkapitel und dem Brandenburger Adel. Seine Umgebung reizte er durch prahlerisches Auftreten, eine verschwenderische Lebensweise und nicht zuletzt auch durch die mangelnde Kenntnis der deutschen Sprache. Er resignierte bald aus gesundheitlichen Gründen.

Wieviel fähige Prälaten zu Karls Rat gehörten, ist auch daran ersichtlich, daß sich für Albrecht von Sternberg sofort Ersatz fand in Gestalt eines bewährten Diplomaten, des Leitomischler Bischofs Peter Jelito. Den Magdeburger Erzbischofsstuhl hatte er zehn Jahre (1371–1381) inne, und aus der Sicht der luxemburgischen Politik mit Erfolg.

Realisierung der Macht Doch zurück zum Rat Karls IV. Die Regierungstätigkeit erschöpfte sich nicht in Entscheidungen, die der Herrscher oder seine Minister zu treffen hatten. Die Anordnungen mußten auch in die Tat umgesetzt werden, und dies geschah über die Verbindungen, die der Hof zu den erzbischöflichen und bischöflichen Residenzen, zu den Sitzen der Reichskurfürsten und schlesischen Fürsten, zu den Burgen des böhmischen Adels und zu den städtischen Rathäusern unterhielt. In vielen Fällen war jedoch das persönliche Eingreifen des Herrschers und seine Entscheidung vor Ort erforderlich. Auch die Teilnahme an Reichstagen, die ausschließlich im Reich abgehalten wurden, erforderte vom Herrscher ein Verlassen der Residenz. Karl IV. konnte also unmöglich allein vom Thron und dem Prager Palast aus herrschen, sondern mußte dies auch vom Sattel aus und auf Reisen tun.

DER HOF AUF REISEN

Obwoohl die Bedingungen
oft äußerst ungünstig und die Unternehmungen mit Strapazen verbunden waren,
verbrachte Karl IV. die Hälfte seines Lebens mit dem Hof auf Reisen.
Seine Besuche besaßen vorwiegend staatspolitischen und dynastischen Charakter,
auch bei Familienereignissen wie Hochzeiten, Kindtaufen, Verwandtentreffen.

Aus überlieferten Urkunden geht hervor, daß den Kaiser in der ersten Hälfte seiner Regierungszeit sein Weg am häufigsten von Prag über Nürnberg, Frankfurt am Main und Aachen nach Luxemburg führte. Zwischen Prag und Frankfurt erwarb Karl damals eine Reihe von Burgen und Städten und wandelte sie in Lehen der Krone Böhmens um, so daß er auf der so geschaffenen »Landbrücke« stets auf eigenem Territorium rasten, übernachten und verweilen konnte. Als die luxemburgische Expansion später nach Norden zielte, erfolgten Karls Reisen vorwiegend in dieser Richtung.

Die Reisetätigkeit hatte jedoch auch den Vorteil, daß sie dem Herrscher und seiner Familie Gelegenheit bot, in der Öffentlichkeit aufzutreten, sich einem breiten und vielschichtigen Publikum zu präsentieren. Die Wahrung der Autorität eines mittelalterlichen Herrschers erforderte dies in gleichem Maße, wie heute Propaganda und Publizität notwendig sind. Das öffentliche Auftreten hatte selbstverständlich so prunkvoll zu geschehen, daß Macht, Ansehen und Würde des Herrschers, über jeden Zweifel erhaben, zur Geltung kamen. Persönliche Neigungen und Vorlieben hierfür hatten sich den politischen Erforder-

nissen unterzuordnen. Da die Repräsentation des Herrschers unbedingt auch seinen Hof einschloß, beteiligte sich dieser in höchstmöglichem Maße an der Reisetätigkeit.

Reiseziele So verhielt es sich bei offiziellen, manchmal mehrere Monate in Anspruch nehmenden Reisen ebenso wie bei Besuchen wichtiger Städte der Böhmischen Krone oder der Reichsstädte, häufig im Zusammenhang stehend mit Hoftagen, Reichstagen bzw. Zusammenkünften der Kurfürsten. Den feierlichsten Charakter trugen die Reise nach Avignon, die beiden Romzüge und der Besuch in Paris. Am längsten – insgesamt 20 Monate – befand sich der Hof im Zusammenhang mit dem zweiten Romzug in den Jahren 1368/69 unterwegs.

Allerdings war nicht jede Reise mit einer repräsentativen Absicht und dem entsprechenden Pomp verbunden. Bei kürzeren Reisen – zum Karlstein, zur Jagd nach Křivoklát bzw. zu einer anderen Burg im königlichen Jagdrevier oder bei Besuchen herrschaftlicher Besitztümer in Böhmen – genügte ein kleines Gefolge.

Wichtigste Begleitpersonen Hauptperson des auf Reisen befindlichen Hofes war der Hofmarschall. Ihm oblag die gesamte Organisation der Reise, die Unterbringung der

Herrscherfamilie, ihrer Dienerschaft und die Einstellung der Pferde. Er mußte auch die gebührende bewaffnete Begleitung absichern, deren Umfang, Ausrüstung und Ausstattung nicht nur eine Frage der Sicherheit, sondern gleichermaßen auch der Repräsentation waren. An besonders wichtigen Reisen nahmen der Reichsmarschall und der Oberste böhmische Marschall teil. Reiste die Königin mit – dies war bei offiziellen Anlässen die Regel, sofern sie nicht Krankheit oder Schwangerschaft daran hinderten –, stand dem Hofmarschall noch der Hofmarschall der Königin zur Seite.

Zu den unabkömmlichen Begleitern auf jeder Reise gehörten der Hofkanzler sowie einer der Protonotare mit mehreren Notaren und Schreibern der Kanzlei, damit auch auf Reisen, besonders während längerer Aufenthalte, Amtsgeschäfte abgewickelt werden konnten. Dem Gefolge schlossen sich nämlich nach und nach Adlige und Fürsten aus den Gebieten an, durch die die Reise führte, um dem Kaiser entweder ihren Gruß zu entbieten oder ihn ein Stück des Weges zu begleiten. Bei dieser Gelegenheit legten sie die verschiedensten Gesuche vor, deren Erledigung an Ort und Stelle beurkundet wurde.

Unentbehrlich war selbstverständlich auch der Oberste Kammermeister mit seinen Gehilfen und in der Regel zwei Schreibern: Ein Schreiber verzeichnete die Ausgaben, der andere den Bestand in der Kasse. Auf längeren Reisen mußte auch der Schreiber des Küchenmeisters zugegen sein, der über die Versorgung mit Lebensmitteln wachte. Ein gesonderter Schreiber verzeichnete den Einkauf von Hafer und Grünfutter für die Pferde.

Karls engste Suite umfaßte zusammen mit den Hofbeamten etwa 30 Personen. Zu seinen regelmäßigen Begleitern gehörten einer der böhmischen Bischöfe und mehrere ranggleiche Reichsbischöfe, ferner eine unterschiedliche Anzahl schlesischer Fürsten, böhmischer Adliger sowie Reichsfürsten und -grafen. Die Zahl der Räte und weiterer Höflinge hing von Charakter und Zweck der Reise ab.

Die Höflinge sorgten gewöhnlich selbst für ihre Übernachtung sowie die ihrer Begleitung und beglichen auch die hierfür anfallenden Kosten aus eigener Tasche. Dabei hatten sie kein geringes Gefolge, mußte es doch ihre gesellschaftliche Bedeutung und Stellung bei Hofe zum Ausdruck bringen. So ließ das Ratsmitglied Bischof Lamprecht von Brünn während des zweiten Romzuges für sich, sein Gefolge und seine Dienerschaft ein ganzes Haus und Stallungen für 50 Pferde bestellen. Die Unbequemlichkeiten der Unterkünfte lockten in keiner Weise diejenigen, die nicht reisen mußten oder dem Reisen aus dem Wege gehen konnten. Der Kanzler versuchte einmal seinen Notar zur Reise nach Nürnberg zu bewegen, indem er ihm ausmalte, daß es, »obgleich die hiesigen Freuden nicht mit Prag vergleichbar sind«, auch genügend schöne Frauen gäbe. Das allerdings wußte der Adressat, Hofrat Heinrich Schatz, ein gebürtiger Nürnberger, selbst recht gut; er war nur zu bequem.

Für die Beamten der Hofkanzlei galt Reisen an fremde Herrscherhöfe eher als verlockend, denn dort erhielten sie meistens reichliche Belohnungen. So bekamen während des Besuches Karls IV. beim ungarischen König Ludwig in Raab im Jahre 1356 der Kanzler ein Kleinod im Werte von 1000 Gulden, der Notar eine Summe von 300 Gulden und die Schreiber je 100 Gulden. Noch reicher bedacht wurde der kaiserliche Protonotar anläßlich des Besuches Karls IV. in Paris im Jahre 1378 vom französischen König für die Ausfertigung von nur fünf Urkunden: Er erhielt einen vergoldeten Silberkrug, gefüllt mit 1000 Goldfranken.

*Unterkunfts-
probleme*

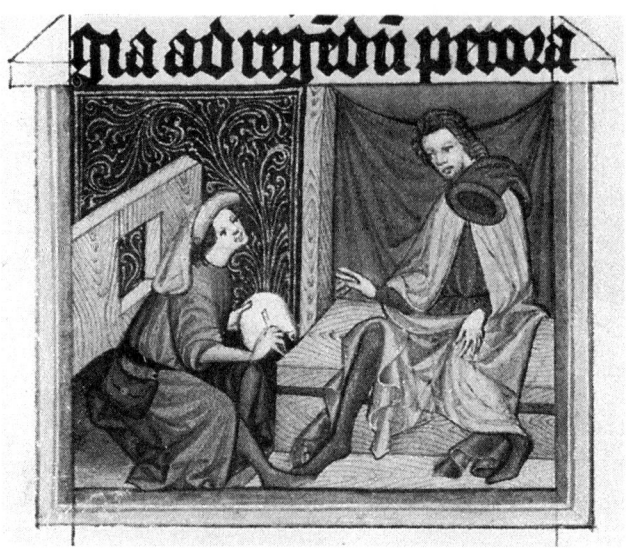

Ein Höfling diktiert einem Schreiber der Hofkanzlei das Konzept einer Urkunde.
Miniatur aus der illuminierten böhmisch-mährischen Handschrift
über das Schachspiel, Tractatus de ludo scacorum, um 1430.
Vit. 25 - 6, fol. 28ª, Biblioteca Nacional, Madrid

Auch die Menge der Bediensteten im unmittelbaren Umfeld des Kaisers reduzierte sich im Vergleich zur Residenz stark. Neben einigen Kaplanen und vermutlich zwei Ärzten – für Karl IV. und seine Gemahlin – waren Vorschneider, Einschenker, Kammerdiener und Kammerzofen, Schneider und Schuster unentbehrlich. Hinzu kamen Stallknechte, Stallmeister und Kutscher mit ihren Gehilfen, Pagen und Hofdamen, so daß das allernächste Gefolge auf etwa 50 Personen zu schätzen ist. Zum reisenden Hof gehörte ferner eine unbestimmte Zahl Angehörige der Leibgarde, Herolde, Trompeter und Verantwortliche für Kutschen und Wagenpark. Auf den Wagen befanden sich die Kasse, Truhen mit Geschenken, den Herrscherinsignien und Zeremonialgewändern, Gefäßen und der Bekleidung. In besonderen Wagen wurden die Kanzleiregister sowie alles für den Kanzleibetrieb Erforderliche verwahrt. Der Wagenpark verfügte über seinen eigenen Begleitschutz.

Der reisende Hof bot ein ungewöhnlich buntes Bild. An der Spitze des Zuges ritten die Ankunft des Herrschers verkündende Trompeter und Herolde. Die Fahnenträger hielten die Banner mit den Wappen des römisch-deutschen Königreiches – dem schwarzen Adler auf gelbem Feld – und des Königreiches Böhmen – dem doppeltgeschwänzten silbernen Löwen auf rotem Feld. Dahinter kam die Schar der Lanzenträger mit Wimpeln in den Wappenfarben beider Königreiche – Schwarz-Gelb und Weiß-Rot – und Schilden mit beiden Wappenzeichen oder zumindest Wappenfarben. Eine weitere Lanzenträgerschar in bunten Wämsern bewegte sich zu beiden Seiten des Zuges. Ihnen schlossen sich

Anordnung des Gefolgszuges

Dienerschaft

berittene Standartenträger einflußreicher Höflinge oder der Adligen an, die sich im Laufe der Reise dem Zug zugesellt hatten. Danach folgten zu Pferde die Hofbeamten und Höflinge mit ihrer Begleitung, dahinter des Herrschers engste Suite und seine ranghöchsten Bediensteten und schließlich das Herrscherpaar selbst. Sie alle waren in Reisemäntel gehüllt. Der Kaiser trug meist einen mit Pelz gefütterten Hut aus grauem Tuch. Dem Zug fuhren zahlreiche Kutschen hinterher, in denen insbesondere die weibliche Begleitung der Königin und die Dienerschaft jeglicher Art reisten, umgeben von berittenen Pagen. Den Kutschen schlossen sich Fuhrwerke und deren bewaffneter Schutz an. Den Abschluß bildete wiederum eine große Schar bunt gekleideter Lanzenträger.

Der leider nur selten durch die Chronisten festgehaltene zahlenmäßige Umfang des reisenden Hofes versetzt heute in Erstaunen: Im Jahre 1357 kam Karl IV. in Wien mit einem Gefolge von 1500 Berittenen an; bei seinem Besuch beim Papst in Avignon im Jahre 1365 schätzt die Mainzer Chronik seine Begleitung sogar auf 3000 Berittene.

Besonderen Charakter trugen beide Romfahr- **Romfahrten** ten des Kaisers. Da in den unruhigen Gegenden Norditaliens mit bewaffneten Auseinandersetzungen gerechnet werden mußte, ähnelten sie eher Kriegszügen. So erwiesen sich hier mehr als anderswo jene Höflinge vonnöten, die über eine eigene militärische Begleitschar verfügten. Es waren Bischöfe und Adlige aus den böhmischen Ländern, die zusammen mit schlesischen Fürsten den erfolgreichen Verlauf beider Romzüge gewährleisteten.

Die zahlenmäßige Stärke des reisenden Hofes **Quartiernahme** gestattete es nur in Ausnahmefällen, Burgen als Rast- und Ruhestätten während der Reise zu nutzen. Auch die größten Burgen boten schwer-

lich der Herrscherfamilie, einschließlich ihrer dringend benötigten Dienerschaft, einen angemessenen Zufluchtsort. Deshalb nahm der Hof meistens in einer der Städte Quartier. Sofern diese nicht, wie Breslau, über einen eigenen Palast verfügte, wohnten der Herrscher und seine Gemahlin in der Residenz des Bischofs oder im Rathaus. Häufig mußten sie sich – und manchmal auch jeder für sich allein – mit einem der Patrizierhäuser begnügen. Für die Patrizierfamilien war dies eine Gelegenheit, engen Kontakt zum Hof zu finden.

Beabsichtigte der Kaiser, sich längere Zeit aufzuhalten, begann unter den Höflingen eine angestrengte Suche nach Wohnungen in der Nähe des Hauses, in dem der Herrscher Quartier genommen hatte. Sie liefen nämlich sonst Gefahr, von entfernten Unterkünften durchnäßt oder mit Unrat bespritzt zur Ratssitzung zu erscheinen, wie dies sogar dem Erzbischof Ernst widerfahren war. Gerade in Städten wie Nürnberg, wo sich der Hof in regelmäßigen Abständen aufhielt und die Kurfürsten sich mit ihren Höfen zu Reichstagen bzw. Zusammenkünften und Beratungen einfanden, lohnte es sich schon, mit großem zeitlichen Vorlauf Quartier in einem der Bürgerhäuser zu bestellen. Viele Häuser gingen auf diese Weise in die Geschichte ein. So wurde in einem der bekannten Familie Haller gehörenden Hause von den Beratern des Kaisers die Goldene Bulle redigiert. Daraufhin trug dieses Haus lange Zeit die Bezeichnung »Zum goldenen Schild« (in der späteren Schildgasse 649).

Es ist anzunehmen, daß es die Unterbringungsschwierigkeiten in Nürnberg waren, die Karl IV. bewogen, etwa 20 Kilometer entfernt – also ähnlich wie der Karlstein von Prag – für sich und einen Teil des Hofes eine Burg nahe der Stadt Lauf am Fluß Pegnitz errichten zu lassen. Diese Burg lag auf dem Territorium des Teiles der Oberpfalz, der im Jahre 1355 den Ländern der Böhmischen Krone zugeordnet worden war. Sie wird nach der bis heute erhaltenen Statue des heiligen Wenzel auf dem Eingangsturm meist als Wenzelsburg bezeichnet. Sie erfüllte ihren Zweck in der Zeit von 1361 bis 1373, dann ging sie mit einem Teil »Neuböhmens« im Rahmen der Ersatzleistung für Brandenburg an Otto von Bayern über.

Während seiner Aufenthalte gewährte Karl IV. unermüdlich Audienzen, nahm mündliche Beschwerden entgegen und sorgte an Ort und Stelle für Abhilfe. Einen interessanten Bericht über den Verlauf solcher Privataudienzen gab Matteo Villani aus persönlichem Erleben : »Er war gewöhnlich in ein einfaches knielanges Gewand ohne jegliche Verzierung gekleidet ... Wenn er eine Audienz gewährte, hatte er die Gewohnheit, eine Handvoll Reiser in der Hand zu halten und mit einem kleinen Messer zu eigenem Vergnügen an ihnen fein zu schnitzen. Bei dieser manuellen Tätigkeit, während die Bittsteller vor ihm knieend ihr Anliegen vortrugen, schaute er unter den Umstehenden umher, als ob er denjenigen, die zu ihm gewandt sprachen, nicht zuhörte und ihrer Anhörung keine Aufmerksamkeit schenkte. Nichtsdestoweniger hörte und verstand er vorzüglich und entgegnete mit wenigen, jedoch treffenden Worten das, was ihm beliebte. Ohne lange Überlegung und Beratung gab er eine Fülle weiser Antworten. Damit deren Sinn weder entstellt noch verändert wurde, hatte er gleich drei Schreiber bei sich. Unsteter Blick, Handarbeit, Audienzen bei völligem Verständnis der Sache ablaufend, treffende und wohldurchdachte Antworten – wie erstaunlich und bedeutsam bei einem einzigen Herrscher.«

Die Audienzen nahmen jedoch nicht immer einen so ruhigen Verlauf. Während seines Aufenthaltes in Mainz Mitte März des Jahres 1359 empfing Karl IV. den päpstlichen Nuntius Philipp, Bischof von Cavaillon. Dessen Art und Weise, eine Geldsammlung zugunsten der Kurie regelrecht zu erpressen, erregte öffentliches Ärgernis. Bei der Audienz erzürnte der Kaiser deshalb so sehr, daß der Nuntius angeblich noch in der gleichen Nacht vor dem kaiserlichen Zorn wie ein Deserteur heimlich mit einem Schiff entfloh.

Ein andermal hatte der Kaiser während seines Aufenthaltes in verschiedenen politischen Händeln und Zwisten zu entscheiden. Im Jahre 1372 suchten ihn in Pirna Vertreter des Rates und der Handwerker der Stadt Görlitz auf, damit er ihren Streit schlichte. Karl unterstützte die Forderung der Handwerker, Mitglieder des Stadtrates werden zu wollen, sofern sie nicht Ruhe und Ordnung in der Stadt störten. Allerdings schadete einer der Handwerker selbst seiner Sache, indem er sich bei der stürmischen Aussprache nicht beherrschte und ein Mitglied der Abordnung des Rates schwer verletzte. Der erzürnte Kaiser ließ ihn auf der Stelle hinrichten, die übrigen Handwerker ergriffen die Flucht und wurden später für vogelfrei erklärt.

Die Quartiernahme in den Städten stieß auf die unterschiedlichsten Schwierigkeiten. Der tägliche Umgang der Höflinge und ihrer Dienerschaft mit den Bürgern bot Anlaß zu Streitigkeiten und ernsthaften Konflikten. Die Bürger führten Beschwerde darüber, daß die Höflinge die Unbescholtenheit ihrer Töchter und Tugendhaftigkeit ihrer Ehegattinnen gefährdeten, daß sie nicht ordnungsgemäß Miete zahlten und es ablehnten, für die von ihrer angeheiterten, übermütigen Gesellschaft angerichteten Schäden aufzukommen. Mit der Schlichtung dieser strittigen Angelegenheiten mußten sich Hofmarschall oder Hofmeister befassen. Manchmal nahmen die Zerwürfnisse ein tragisches Ende. Im Sommer

Wenzelsburg in Lauf an der Pegnitz

des Jahres 1372 würfelten in Mainz einige Höflinge mit Bürgern. Sie wurden – offenbar nicht zum ersten Mal – des unehrlichen Spiels überführt. Beide Parteien zogen die Waffen, es kam zum Scharmützel. Als sich weitere aufgebrachte Bürger dazugesellten, ergriffen die Höflinge die Flucht. Einige suchten Schutz im Haus, in dem der Kaiser wohnte, andere versteckten sich im Haus der Kaiserin Elisabeth. Die Verfolger ließen sich jedoch nicht aufhalten und töteten auf der Stelle einen Höfling, der es vorgezogen hatte, sich im Bett der Kaiserin zu verbergen. Sie beruhigten sich erst, als der Kaiser versprach, die Falschspieler zu bestrafen und seines Hofes verweisen zu lassen.

In größter Gefahr befand sich der Hof bei seinen Reiseaufenthalten in den italienischen Städten. Es genügte das Gerücht, der Herrscher sei irgendwie gegen die Stadt voreingenommen, und die Bewohner erhoben sich augenblicklich gegen ihn. Auf der Rückreise von der Krönung in Rom nahm Karl IV. mit seinem Hof in Pisa Quartier. In der Nacht vom 19. zum 20. Mai brach im Rathaus, wo das kaiserliche Paar mit seiner Dienerschaft wohnte, ein Brand aus. Karl und Anna von Schweidnitz flüchteten nur wenig bekleidet und retteten sich in das Haus eines Bürgers. Am anderen Tag jedoch verbreitete sich das Gerücht, der Kaiser habe selbst Feuer legen lassen, um die im Rathaus aufbewahrten Waffen zu vernichten, da er die Stadt an die Florentiner verraten wollte. Mit dem Ruf: »Es lebe das Volk, nieder mit dem Kaiser!« forderten die Bürger von Pisa zum Widerstand auf. Karl IV., der sich

Auch auf Reisen war das Schachspiel ein beliebtes Vergnügen der Höflinge.
Aus der illuminierten böhmisch-mährischen Handschrift über das Schachspiel,
Tractatus de ludo scacorum, um 1430.
Vit. 25 - 6, fol. 6, Biblioteca Nacional, Madrid

mittags in dem Hause aufhielt, in dem sich der Kanzler eingerichtet hatte, wurde es beinahe zum Verhängnis, daß er aus Sparsamkeitsgründen bei der Rückkehr aus Rom einen bedeutenden Teil seiner bewaffneten Begleitung entlassen hatte. Darüber hinaus befand sich der ihm verbliebene Begleitschutz mehrheitlich auf der anderen Seite des Flusses im Quartier. Erst nach schweren Kämpfen schlugen sich von hier aus der Augsburger Bischof Marquard und der böhmische

Adlige Heinrich von Neuhaus über die Brücke durch und eilten mit ihren Abteilungen dem Kaiser zu Hilfe, der sich in der Zwischenzeit im Hause des Kanzlers erfolgreich verteidigte. Der Aufstand wurde niedergeschlagen und seine Anführer hingerichtet, jedoch erlitten beide Seiten schwere Verluste.

Eine noch ernstere Situation trat während des zweiten Romzuges Anfang des Jahres 1369 in Siena ein. Karl IV., Kaiserin Elisabeth und Karls zweitälteste Tochter Katharina, Markgräfin von Brandenburg, wohnten im Palast der Familie Salimbeni. In der Stadt kämpften damals zwei Parteien um die Macht, und der Kaiser fand sich unvermittelt in die Kämpfe verwickelt. Zur entscheidenden Schlacht zwischen der Adels- und der Volkspartei (»popolo minuto«) kam es am 18. Januar 1369. Der Kaiser stellte sich in voller Rüstung an die Spitze seiner etwa 3000 Berittenen, um die Adelspartei zu unterstützen. Die Reiter konnten jedoch ihre Kampfkraft in den engen Gassen der Stadt nicht entfalten, wurden geschlagen und Karl IV. mit seiner Familie im Palast umzingelt. Als ihnen Aushungerung drohte, wagte sich der Kaiser aus dem Palast auf die Straße und wirkte auf jede nur erdenkliche Weise – angeblich auch mit Tränen und Umarmungen – auf die Belagerer ein, um sie von ihrem Vorhaben abzubringen. Sicher ist, daß es ihm dank seiner Kenntnis der italienischen Sprache und der gewandten Argumentation gelang, den Zorn der Massen gegen die Führer des Adels zu kehren. Die Herrscherfamilie wurde befreit, und der Anführer der Belagerer versprach Karl IV. sogar, für den entstandenen Schaden, insbesondere an Pferden, aufzukommen und 20 000 Gulden Entschädigung zu zahlen.

Finanzielle Schwierigkeiten

Ein längerer Aufenthalt des Hofes in einer Stadt zog auch einen Preisanstieg, besonders bei Lebensmitteln, nach sich, denn die Nachfrage auf dem örtlichen Markt wuchs enorm. Dies traf vor allem die ärmeren Schichten und rief Unruhen unter ihnen hervor. Allerdings bekam die Kasse des Herrschers den Preisanstieg ebenfalls zu spüren. Aus ihr waren nicht nur Dienerschaft und bewaffneter Begleitschutz zu entlohnen, sondern auch zahlreiche an der Tafel des Herrschers schmarotzende Gäste auszuhalten. Einem alten Brauch zufolge erhielten diese königliche Geschenke – goldene Schalen, vergoldete Silberpokale, edlen Schmuck.

Als Gipfel »kaiserlicher Not« kann eine Situation gelten, wie sie im Oktober 1368 in Siena auf der Reise zu Elisabeths Krönung in Rom eintrat. Die bewaffnete Begleitung des Kaisers umfaßte 1100 Personen, und aus Prag wurden ständig weitere Höflinge und Diener herbeigerufen, sogar Karls vielgeliebter Pfeifer. Die Teuerung in Siena wuchs sprunghaft an. Obwohl die Stadt ebenfalls zur Deckung der Ausgaben des Hofes erhebliche Summen beisteuerte, geriet Karl IV. in so gewaltige Verschuldung, daß er letztlich eine seiner Kronen bei den Florentiner Bankiers versetzen mußte!

»ADVENTUS AUGUSTI«

Der Einzug Karls IV.
*mit seinem Hofstaat in eine Stadt, in der er übernachten oder längere Zeit verweilen wollte,
bot Gelegenheit zu prunkvollem Zeremoniell,
in dessen Verlauf den Zuschauern königliche Erhabenheit und Herrlichkeit
in vollem Glanze vorgeführt werden konnte.*

Wie jede mittelalterliche Zeremonie hatte dieser Vorgang ein kirchliches Ritual, die Prozession, zum Vorbild. Die Reichsoberhäupter schöpften aber auch aus den Reminiszenzen an den triumphalen Einzug altrömischer Kaiser, wie ihn Sueton geschildert und Petrarca in seinen »Trionfi« popularisiert hatte. Im Schein von tausend Kerzen und Fackeln, beim Klang von Trompeten und unter dem Jubel der Menge rief der »Adventus Augusti« in den Sinnen der erregten Zuschauer die Illusion von der Ankunft einer wahrhaften Gottheit, in christlichen Zeiten eben von der Ankunft Christi, hervor. Diese Symbolik des vergöttlichten Kaisertums brachte Karl IV. in bereter Weise in Erinnerung, als er 1347 in Basel ein längst vergessenes Zeremoniell aus der Zeit der Ottonen wieder zum Leben erweckte. Seit dieser Zeit intonierte er stets am ersten Weihnachtsfeiertag, im Gewand eines Diakons, dem Festtagskleid mittelalterlicher Kaiser, mit der Krone auf dem Haupte und gezogenem Schwert in der Kirche die VII. Lektion des Morgenstundengebetes, beginnend mit den Worten des Weihnachtsevangeliums: »Exiit edictum a Caesare Augusto . . .« (Es begab sich aber zu der Zeit, daß ein Gebot vom Kaiser Augustus ausging . . .).

Das Zeremoniell des Einzugs in die Städte

Das Zeremoniell des Einzuges in eine Stadt bestand aus zwei Teilen: Begrüßung des Herrschers und seines Hofes vor der Stadt und der eigentliche Einzug durch das Stadttor. Der Willkommensgruß wurde in ziemlicher Entfernung vor dem Stadttor entboten. Am festgelegten Ort erwartete eine bis zu mehrere hundert Personen zählende Schar den Herrscher und sein Gefolge. Die Vertreter der Stadt und der hohen Geistlichkeit trugen ihre Grußansprachen vor, und der Bürgermeister übergab als Zeichen der Ergebenheit dem Herrscher die Schlüssel zu allen Stadttoren. Dann ordnete sich der Zug: die Zünfte mit ihren Fähnlein und Zeichen, die Ordens- und Weltgeistlichkeit, Reliquienschreine mit den Gebeinen von Heiligen und Banner mit deren Namen, Bildern oder Attributen tragend, das Gefolge der Ratsherren und geistlichen Würdenträger. Unter dem Gesang religiöser Lieder und geistlicher Hymnen und Glockengeläut bewegte sich die Prozession zum Stadttor. Im Reich gehörte es dazu, daß der Kaiser auf einem weißen Roß in die Stadt ritt, das von den Ratsherren am Zügel geführt wurde. Karl IV. und seine Gemahlin trugen, je nach den Umständen, entweder nur Reisebekleidung oder waren »in Majestät«, d. h.

in die dem Zeremoniell entsprechenden Mäntel gehüllt mit der römischen Krone auf dem Haupt. Ihnen voran wurde das Reichsbanner mit dem Reichsadler getragen. Die böhmische Königswürde brachte das Wappenzeichen des Königreichs auf den Schilden und Wimpeln der Lanzenträger und des bewaffneten Fußvolks zum Ausdruck. Unter mächtigen Trompetenklängen ritt das kaiserliche Paar mit seinem Hofstaate inmitten des Spaliers der städtischen Bewaffneten und des gemeinen Volkes durch das Stadttor.

Besonders feierlich verlief die Begrüßung des Kaisers an den Höfen von Herrschern oder Päpsten. Einen derartigen, in Avignon im Jahre 1365 entbotenen Willkommensgruß hat der Hofchronist Neplach, Abt von Opatowitz, bis ins einzelne beschrieben. Da die Reise durch französisches Territorium führte, erwartete den Kaiser an der französischen Grenze eine Abordnung des französischen Königs Karl V., geführt von seinen Brüdern Ludwig, Herzog von Anjou, und Johann, Herzog von Berry, die Karl IV. bis an das Ziel seiner Reise geleiteten. Am 21. Mai näherte sich der Zug dann dem gerade vollendeten Sommersitz des Papstes, Pont de Sorgue, etwa fünf Kilometer von Avignon entfernt. Weit vor das Burgtor kam dem Kaiser der Kardinal-Bischof Guy de Boulogne, Karls Vertrauter bei der Kurie, entgegen, und auf dem Burghof begrüßte ihn das gesamte Kardinalskollegium, welches später nach Avignon zurückkehrte. Das zur Übernachtung ausgewählte Pont de Sorgue reichte jedoch für Karls großes Gefolge nicht aus, so daß ein Teil seiner Höflinge mit einem Nachtlager in den benachbarten Bürgerhäusern vorliebnehmen mußte:

»Dann ritten am nächsten Morgen, dem Freitag, dem Herrn Kaiser wieder alle Kardinäle des gesamten Kollegiums entgegen«, fährt Karls

Einzug in Avignon

Chronist fort. »Die ältesten Kardinäle-Diakone gesellten sich zum Herrn Kaiser ..., während die übrigen Kardinäle zum Papst eilten, um sich und ihn zur Begrüßung des Kaisers in die Pontifikalien zu kleiden. Aber der Herr Papst sandte ihm ein großes weißes Pferd, einen Zelter, mit einer seidenen golddurchwirkten, prächtigen Schabracke bedeckt, geschmückt mit Adler und kaiserlichen Würdezeichen; diesen ließ der Herr Kaiser vor sich führen, ritt aber selbst auf seinem eigenen Roß zur Stadt Avignon. Und vor dieser Stadt kamen ihm in einer Prozession mit Kreuzen und Reliquien und ihren Pontifikalien der Bischof von Avignon und alle Erzbischöfe und Bischöfe der römischen Kurie sowie andere Prälaten und Ordenspriester und weltliche Geistliche entgegen, die ihn untertänig willkommen hießen mit der ihm gebührenden Ehrerbietung ... in Gegenwart des Volkes, das in unzähliger Menge zusammengelaufen war. Als dann der Kaiser daselbst den Segen des avignonesischen Bischofs empfing, war er mit seinem kaiserlichen Gewand bekleidet; vor ihm trug der Graf von Savoyen das Schwert, ihm folgten die kaiserliche Fahne und die kaiserlichen Würdezeichen, nämlich der Reichsapfel, von Ruprecht, dem jüngeren rheinischen Pfalzgrafen, getragen, das Zepter, welches Barnim d. Ä., Herzog von Stettin, in seinen Händen hielt; und auf dem Haupte trug er die Kaiserkrone; der Fürst von Oranien und der Graf von Valentia führten zu Fuß sein Roß an den Zügeln unter einem goldenen Himmel, den die edelsten Herren des Königreichs Arelat hielten. Und so geleiteten sie den Kaiser bis zu den Stufen des Papstpalastes. Als er die Stufen betrat, schritt ihm aus der neuen Palastkapelle bis zu den erwähnten Stufen der Herr Papst mit den Kardinälen entgegen, angetan mit den Pontifikalien und mit hoher Stimme ›Te Deum laudamus‹ singend.«

Der Papst grüßte dann den Gast mit einem Friedenskuß, und nachdem er die Inful abgelegt hatte, intonierte er Gebete für das Seelenheil des Kaisers und das Wohl des Reiches, wie dies den Erzbischöfen und Bischöfen zur Begrüßung des Kaisers vorgegeben war.

Während der Papst die bezüglich des Zeremoniells bestehenden Vorrechte der kaiserlichen Würde respektierte, mußte Karl IV. bei seinem Besuch in Paris im Jahre 1377/78 auf Wunsch seines Gastgebers Karls V. auf all das verzichten, was im Zeremoniell seinen Titel in Erinnerung gebracht hätte. In den Städten wurde die Begrüßungszeremonie mit Prozession und Glockengeläut weggelassen, und für den Einzug in Paris sandte der französische König Karl IV. und seinem Sohn Wenzel – zu dieser Zeit bereits römisch-deutscher König – ein schwarzes Roß. »Und absichtlich gab der französische König ihm Pferde dieses Haares, das am meisten von der weißen Farbe abwich und der Gegensatz von ihr war«, schrieb mit Genugtuung hierüber der französische amtliche Berichterstatter, »da es im Reich üblich ist, daß Kaiser auf weißem Pferd in die Städte einziehen, die zu ihrem Herrschaftsgebiet gehören. Der König wünschte nicht, daß dies in seinem Königreich geschehe, damit darin in keiner Weise irgendein Anzeichen kaiserlicher Vorherrschaft gesehen werden könne.«

Ein ganz besonderes Ereignis war nach Abschluß einer bedeutenden Reise oder eines Kriegszuges die Rückkehr in die Prager Residenz. Sie trug den Charakter eines wahrhaft triumphalen Einzuges. Karl IV. hatte dies vermutlich in weiser Voraussicht bereits beim Bau der neuen Stadtmauer bedacht. Die sieben Tore, die in ihrer Größe und Architektur jedem Ankömmling in der Metropole den Eindruck von Monumentalität vermitteln sollten, konnten in ihrer Gesamtzahl bestimmte, auf Rom bezogene Assoziationen hervorrufen. Das wichtigste Tor war das Strahover. Hier kamen alle Straßen aus westlicher Richtung zusammen, und über die Burgstadt Hradschin verlief von hier aus der kürzeste Zugang zur Prager Burg.

Einen unvergleichlichen Triumphzug erlebte das Strahover Tor am 15. August des Jahres 1355 bei der Rückkehr Karls von der Krönung zum römisch-deutschen Kaiser. Die erwiesenen Ehren galten nicht nur Karls höchster weltlicher Würde in der westlichen Christenheit, sondern auch dem seltenen Reliquienschatz, den er in Pavia für die Prager Kathedrale erworben hatte. Es handelte sich um Kopf und Rumpf des heiligen Veit, ihres Schutzpatrons, dessen Arm der böhmische Fürst, der heilige Wenzel, vor 426 Jahren von König Heinrich I. erhalten hatte. Karl brachte diese Reliquien nach eigener Aussage zum Ruhme Böhmens als »Sitz des Weltreiches«.

Zweifelsohne unterstrich das Szenarium die doppelte Symbolik dieser triumphalen Rückkehr: die Fortsetzung des Werkes Karls des Großen und zugleich des Werkes des heiligen Wenzel. Leider kommt das in der farblosen Schilderung des Hofchronisten nicht zum Ausdruck, der sich lediglich auf das Stereotype des Begrüßungszeremoniells beschränkte. So ist auch unbekannt, wie das Zeremoniell die Tatsache berücksichtigte, daß der Kaiser nicht in eine Stadt des Reiches Einzug hielt.

Die Prozession schritt dem Herrscher weit vor die Tore der Stadt entgegen, bis zum alten Benediktinerkloster in Břevnov, das mit der Tradition des heiligen Adalbert verbunden war, der, ähnlich wie der heilige Veit, zu den böhmischen Landespatronen zählte. Karl IV. und Anna von Schweidnitz, geschmückt mit den kaiserlichen Insignien, zogen unter einem Baldachin mit dem die Reichsherrschaft symbolisierenden schwarzen Adler auf goldenem Grund in die Stadt ein.

Einzug in Paris

Triumphale Rückkehr nach Prag

Audienzsaal des päpstlichen Palastes in Avignon

Die Reliquien des heiligen Veit wurden in einem
vergoldeten, mit Amethysten und Kameen be-
setzten Silberschrein getragen.

Der große steinerne Zeuge der »Adventus«
Karls IV., das Strahover Tor, versank in barocken
Bastionen. Bis heute erhalten sind jedoch andere
Zeugnisse triumphaler Symbolik – die »Königs-
straße« und der Altstädter Brückenturm.

So wie Rom hatte auch Prag seine »Zeremo-
nienstraße«. Sie erschien bereits in der böhmischen Krönungsordnung, die Karl anläßlich seiner und Blanches Krönung im Jahre 1347 selbst
redigierte. Die Ordnung schrieb vor, daß der
Herrscher am Vorabend in Begleitung der Geistlichkeit und der Höflinge aus der Prager Burg
auf die Kleinseite, über die Brücke in die Prager
Altstadt herabzusteigen und sich von hier aus

»Königsstraße«
in Prag

durch die Straßen der späteren Neustadt auf die
zweite Prager Burg, den Wyschehrad, zu begeben hatte. Hier sollte er sich vor den Andenken
an den legendären Begründer des Přemysliden-
geschlechts, Přemysls des Pflügers, verneigen:
den Bastschuhen und der Basttasche. Karl IV.
bekundete so seine Ehrerbietung für seinen heidnischen Urvater und seine Urmutter Libussa, deren Weissagung vom Ruhme Prags er gerade zu
erfüllen begann. Am gleichen Tage noch sollte
der Zug auf dem nämlichen Wege zur Prager
Burg zurückkehren.

Die »Königsstraße« erhielt bald weitere symbolische Bedeutung, und zwar als Triumphstraße
für die Reichskrönungsinsignien und -heiligtü-
mer. Dieser Kleinodienschatz umfaßte die für
die Krone Karls des Großen gehaltene goldene

93

Pilgerabzeichen für die Teilnehmer am »Heiltumsfest« in Prag.
Unter dem Kreuz steht der Papst (heiliger Petrus?) und kniet Karl IV. mit
der Kaiserkrone und der Lanze des heiligen Longinus.
Unten das päpstliche Wappen – gekreuzte Schlüssel – und die Wappen Karls IV.
– das Reichswappen und das Wappen des Königreiches Böhmen.
Gußeisen, 3. Viertel des 14. Jahrhunderts.
Muzeum hlavního města Prahy

römische Krone und weitere Krönungsinsignien und -gewänder. Einen außergewöhnlichen Platz im Schatz nahm das Reichsreliquienkreuz ein, in das kostbare Reliquien der Marter Christi eingelegt waren: ein Holzsplitter des Kreuzes, ein Nagel und die Lanzenspitze, mit der Hauptmann Longinus des Erlösers Lende durchbohrte. Der Besitz dieser »Heiltümer« heiligte die Regierung des Herrschers im Reich, das infolgedessen »Heiliges Römisches Reich« genannt wurde.

Als der Sohn Ludwigs des Bayern die Reliquien im Jahre 1350 einer besonderen Gesandtschaft in München übergab, wurden sie zunächst nach der Burg Wyschehrad gebracht. Am Palmsonntag, symbolisch am Tage des triumphalen Einzugs Christi in Jerusalem, begab sich Karl in Begleitung des Erzbischofs und des gesamten Hofes von der Prager Burg aus zu Fuß auf der »Königsstraße« dorthin. Den gleichen Weg begleiteten sie den Schatz zur zwischenzeitlichen Aufbewahrung auf die Prager Burg zurück. Bei der Rast auf dem heutigen Karlsplatz wurden die Heiltümer erstmalig zur öffentlichen Anbetung freigegeben. Das Zurschaustellen erfolgte später jedes Jahr an diesem Ort an einem von Karl festgelegten speziellen Feiertag, dem Heiltumsfest (stets am Freitag nach dem ersten Sonntag nach Ostern). In dieser Zeit strömten Tausende von Pilgern aus Böhmen und dem Reich nach Prag, angelockt von den großzügigen Ablässen – für sieben Jahre und 280 Tage –, die der Papst den Wallfahrtsteilnehmern gewährte.

Die »Königsstraße« war gleichzeitig der offizielle Zufahrtsweg zur Prager Burg: in seiner gesamten Länge für die aus Österreich und Italien durch das Tor von Wyschehrad eintreffenden Gesandtschaften und auf der Strecke vom Altstädter Ring aus für die Gesandtschaften aus Mähren, Schlesien, Polen und Ungarn.

Gegen Ende der Regierungszeit Karls kam der Gedanke auf, die Bedeutung dieses zeremoniellen Weges durch die entsprechende Architektur – ein Triumphtor – zu unterstreichen. Daß die triumphale Symbolik am Prager Hof erneut aktuell wurde, geschah nicht zuletzt durch Anregungen italienischer Höflinge. Als der italienische Humanist Niccolò Beccari in seiner Denkschrift Karl IV. zu einem neuen Italienzug aufforderte, schloß er mit der Schilderung eines imaginären siegreichen Einzugs des Kaisers in Rom.

Die Wahl des Ortes für das neue Bauwerk erfolgte wohl nicht ganz zufällig: Durch das Triumphtor mit seinen imposanten Abmessungen kommt man von der Altstadt her über die Steinbrücke zum Herzstück der Prager Residenz. Schon damals eröffnete sich dem Betrachter von hier aus der beeindruckende Blick auf das hochaufragende Burgmassiv mit der Kathedrale, dem Palast und den weißen Türmen der Basilika des heiligen Georg.

Imposant wirkt das Triumphtor durch den gewaltigen Korpus des Turms, durch den das Tor hindurchführt, und dessen Ausschmückung. Die Assoziation zum kaiserlichen Rom wird hervorgerufen durch die Abbildung des Herrschers über dem Stadttor; in Ländern außerhalb Italiens war dies außergewöhnlich. Peter Parler schuf auf

Triumphtor – Altstädter Brückenturm

der Fläche des östlichen, der Altstadt zugewandten Giebels eine bildhauerische Komposition, die Prag noch heute zur Zierde gereicht. Auf geniale Weise vermittelte er die subtilen, vielschichtigen Aussagen, die ihm die Berater des Herrschers und Karl IV. selbst andeuteten. In den Mittelpunkt stellte er den heiligen Veit mit seiner vieldeutigen Symbolik. Zu beiden Seiten ordnete er die Statuen der thronenden Herrscher an, Karl IV. mit der kaiserlichen und Wenzel IV. mit der römisch-deutschen Krone auf dem Haupt. Die unterhalb dieser über den Arkaden des Tores angeordneten Wappenzeichen der Erbländer veranschaulichten den Umfang der Hausmacht der beiden Herrscher. Den böhmischen Teil des Herrschaftsbereichs symbolisierten der St.-Wenzels-Adler über dem Haupt des heiligen Veit und die im Gipfel des Gewölbes als Schmuckelement der Tordurchfahrt wirkende böhmische Krone. Mit Mitteln der Symbolik höfischer Kunst versuchte Peter Parler die Illusion der Teilnahme an einem höfischen Zeremoniell zu erzeugen: Der Anblick beider Herrscher bestärkte den Ankömmling in der Meinung, die Residenz zweier Reichsoberhäupter zu betreten, und rief in ihm das Gefühl hervor, einer feierlichen Audienz beizuwohnen. Die ursprünglich vergoldeten Statuen der Monarchen blickten von der Höhe des Turmes in zeremonieller Erstarrung der vollendeten Majestät auf den Ankommenden herab. In Gesellschaft weiterer heiliger Landespatrone im oberen Teil der Fassade verwandelten auch sie sich in ein Objekt der göttlichen Verehrung und Anbetung, in eine wahrhafte »Herrscherepiphanie«.

HULDIGUNGEN UND FEIERLICHKEITEN

*S*eine Autorität mußte
*der mittelalterliche Herrscher ununterbrochen im Bewußtsein der Untertanen auffrischen,
indem er sie sichtbar demonstrierte und der Bewunderung aussetzte.
Jeder seiner öffentlichen Auftritte erfolgte in Form eines feierlichen Zeremoniells,
dessen notwendigen Rahmen der Hofstaat bildete.*

Die Präsentation gegenüber dem Adel als dem Vertreter der politischen Macht auf Reichs- und Landtagen, vor Gerichten oder bei militärischen Paraden genügte nicht.

Einem relativ kleinen Zuschauerkreis waren des Kaisers öffentliche Audienzen zugänglich. Er gewährte sie in den großen Sälen der Residenzpaläste, auf dem Thron sitzend, mit den kaiserlichen Würdezeichen geschmückt, umgeben von Hofbeamten, seinen Räten und weiteren Höflingen. Herolde meldeten beim Trompetenklang Namen und Rang der Ankommenden. Der Herrscher hörte ihr Ersuchen an, nahm schriftliche Unterlagen sowie Geschenke, die ihm überreicht wurden, in Empfang. Es war üblich, daß der Herrscher bei diesen Audienzen nur kurz dankte und zu einem Besuch und weiteren Gesprächen einlud. (Im Gegensatz zu Privataudienzen bei Karl IV. sind über den Verlauf feierlicher Empfänge keine Einzelheiten überliefert.)

Feierliche Audienzen

In größerer Öffentlichkeit erfolgten die Ehrenbezeigungen, die der Herrscher bei gelegentlichen Aufenthalten in den Städten von seiten des Bürgertums entgegennahm. Manchmal handelte es sich um echte Treue-, Untertanen- und Gehorsamkeitseide. So geschah es am 6. Juli 1369

Huldigungen

in Lucca, als der Kaiser die Stadt aus der Herrschaft Pisas befreit hatte und sie – für 300 000 Gulden – zur Reichsstadt erhob. An diesem Tage verkündeten die kaiserlichen Herolde vom frühen Morgen an den Aufruf, alle Einwohner mögen sich am Abend beim Glockengeläut von San Michele zur Huldigung einfinden. Vor dem Kirchentor, auf einem mit Samt und Seide ausgeschlagenen Podest, stand ein mächtiger Thron mit Baldachin. Auf diesem saß Karl IV., geschmückt mit den Symbolen kaiserlicher Macht und Würde, umgeben von Geistlichkeit und Hofstaat. Vor dem Thron knieten die »Anziani« der Stadt und trugen das Ersuchen um die Erhebung zur Reichsstadt vor. Der Kaiser sprach – offenbar italienisch – seine Zustimmung aus, worauf die Vertreter der Stadt den Eid leisteten, und zwar für sich, die Gemeinde und das versammelte Volk. Zum Abschluß der Festlichkeit trat der reiche Kaufmann Bartolomeo Ronghi vor den Thron und hob als Symbol der neuerrungenen Freiheit seinen vierjährigen Sohn auf seine Schultern. Der Kaiser schlug den Jungen durch Berührung mit der flachen Klinge zum Ritter und gestattete ihm, in Erinnerung an dieses Ereignis, den Namen Carlo zu tragen.

Das Hofzeremoniell achtete darauf, daß in jedem Huldigungsakt eine Widerspiegelung des göttlichen Willens sichtbar wurde. Deshalb fanden die meisten Veranstaltungen auf dem Gelände vor einem Dom statt, die Dommauern stellten den Hintergrund des Kaiserthrons dar, der Glockenklang bildete die Tonkulisse. Noch überzeugender gelang es der Kunst, mit den Mitteln der höfischen Symbolik diese Illusion hervorzurufen. Profane, höfische und religiöse Szenen konnten in gegenseitige Beziehung gesetzt werden.

»Altanszene« von Mühlhausen

Ihre allegorischen Zusammenhänge bringt auf beeindruckende Weise die »Altanszene« an der südlichen Querhausfassade der Marienkirche in der Reichsstadt Mühlhausen zum Ausdruck. Das Einzigartige besteht darin, daß in die Sakralisierung der Huldigung neben dem Herrscher auch Angehörige des Hofes einbezogen wurden. Kaiser und Kaiserin in Begleitung eines Höflings und einer Hofdame beugen sich mit höfisch eleganter Gestik über die Brüstung des Altans, als dankten sie einer vor dem Dom versammelten Menge. Im Gegensatz zu den Statuen der Herrscher am Altstädter Brückenturm, die heilige Furcht vor der Majestät hervorrufen, sind Kaiser und Kaiserin hier ohne Insignien und nähern sich dem Betrachter durch leutselig-freundliches Gebaren auf ungewöhnlich vertrauliche Weise. Allerdings sind auch sie Gegenstand göttlicher Verehrung, jedoch in einer ganz anderen Art. Im Fassadenfries über ihnen stellte ein unbekannter Bildhauer als Vorstufe der Huldigung das Thema »Anbetung der Drei Könige« dar und brachte so beide Szenen in eine allegorisch-symbolische Beziehung: Der Betrachter sollte begreifen, daß Karl IV. und seine Gemahlin die Huldigung als Stellvertreter Christi und der Gottesmutter empfangen. Die Intimität der religiösen Szene deutet an, daß der Heiligenschein nicht nur ihrer kaiserlichen Würde, sondern ebenso ihrer Person gebührt.

Ereignisse von weitreichender staatsrechtlicher Bedeutung waren Belehnungen und Entgegennahme von Lehenseiden. Dieses Schauspiel, bereits vom französischen Hofzeremoniell mit allem nur denkbaren Prunk entwickelt und von Karl IV. in seiner Jugend oftmals selbst erlebt, zog stets eine große Zuschauermenge an. Es spielte sich auf dem Marktplatz oder einem geeigneten Platz vor der Stadt ab. Auf einem mit Purpur und kostbaren Stoffen bedeckten Podest befand sich unter einem Baldachin der Thron. Auf ihm nahm der Herrscher Platz, geschmückt mit allen Insignien seiner Macht, wie er auf Siegeln und Münzen abgebildet ist. Ihm zur Seite standen der Hofmarschall mit gezogenem Schwert und einflußreiche Höflinge. Die geistlichen und weltlichen Vasallen traten mit den Fahnen ihrer Länder vor, mußten sie jedoch beim Leisten des Treue- und Lehenseides ablegen. Erst nach diesem Akt wurden ihnen diese Zeichen der Rechtskräftigkeit ihrer Herrschaft wieder feierlich übergeben. In Prag fanden Lehenshuldigungen auf dem Altstädter Ring statt, vermutlich aber auch auf einem der Plätze der Neustadt.

Belehnungen

Hoftage

In unterschiedlichster Form trat der Hof bei Hoftagen öffentlich in Erscheinung. Diese wurden anläßlich verschiedener Familienereignisse, Besuche fremder Herrscher und wichtiger Verhandlungen einberufen. Sofern sie in der Residenz stattfanden, verwandelte sich ganz Prag in ihre Bühne. Schon allein die Ankunft bedeutender Gäste und ihrer Begleitung scheint eine reine Augenweide gewesen zu sein. Nach einem Bericht von Guillaume de Machaut, der den zypriotischen König Peter bei seinem Besuch in Prag im Jahre 1364 begleitete, waren zu ihrer Begrüßung etwa 20 000 Menschen erschienen. Obwohl die Zahl sicher zu hoch angesetzt ist, steht außer

Zweifel, daß eine mit kriegerischem Ruhm im Kampf gegen die »Ungläubigen« bekränzte Persönlichkeit besonders viele neugierige Zuschauer angelockt hat.

Hofmode

Während der Hoftage wimmelte es auf den Prager Straßen von Höflingen, die vor allem durch ihre Kleidung die Blicke auf sich lenkten. Am Prager Hof war französische Mode bereits seit der Zeit König Johanns üblich. Dies blieb auch unter Karl IV. und seiner Gattin Blanche von Valois so, verstärkte sich unter Anna von Schweidnitz, die in Ofen an dem im Wesen französischen Hof der Anjous erzogen worden war, und änderte sich auch nicht unter Elisabeth von Pommern.

Charakteristisch für die Herrenmode, die in erstaunlicher Universalität gemeinsam für adlige Höflinge und vermögende Bürger galt, waren enge, in bunten Farben gehaltene Beinkleider, kurze, ausgepolsterte Wamse und Schuhe mit nach oben gebogener Spitze. Sittenrichter kritisierten die Modetorheiten von der Kanzel aus, allerdings ohne Erfolg. Im Jahre 1370 äußerte sich der Hofchronist Benesch von Weitmühl mit tiefer Entrüstung hierzu folgendermaßen: »In dieser Zeit übernahmen die Menschen nach Affenart, die zu tun und nachzuahmen versuchen, was sie bei den Menschen sehen, die schlechte und schädliche Gewohnheit anderer und gaben in der Art der Kleidung das Beispiel ihrer Vorfahren auf und schafften sich kurze und kürzere, ja, richtiger: schamlose Kleider an, so daß überaus häufig ihre Schenkel und Hinterteile zu sehen waren, und so enge, daß sie nur schwerlich atmen konnten. Auf der Brust hatten sie große Polster aus Seide, so daß es schien, als hätten sie Busen. Um die Magengegend waren sie so geschnürt, daß sie Jagdhunden ähnelten, die man Windhunde nennt. Das Hinterteil schnürten sie mit vielen Schnüren, daß sie auch mit langsamen Schritten kaum gehen konnten. Ähnlich trugen sie schnabelförmige Schuhe mit überlangen Schnäbeln, so daß sie schlecht ausschreiten und gehen konnten.« An anderer Stelle bemerkte er dann mit einiger Genugtuung, daß in die hoch aufragenden Schnäbel sogar der Blitz eingeschlagen hätte!

Karl IV. wird zugeschrieben, er habe an seinem Hofe enge, mit einem Gürtel zusammengehaltene, sehr kurze Wamse eingeführt. Diese trugen nicht nur die Diener, sondern auch Hofbeamte und -räte. Sie gefielen dem rigorosen Papst Urban V. nicht, so daß er den im Jahre 1365 während des kaiserlichen Besuchs in Avignon erlassenen Indulten die Bedingung hinzufügen ließ, daß der Bittsteller seinen Mantel bis zu den Knien verlängert tragen müsse. Diese Forderung wurde offensichtlich nicht erfüllt, denn er wiederholte dieselbe drei Jahre später, diesmal sogar gegenüber dem Hofmarschall Buschek d. J. von Welhartitz.

Die Damenmode zeichnete sich ebenfalls durch einen die Figur betonenden Schnitt aus. Die Ärmel mündeten an den Ellenbogen in lange, unterschiedlich geschnittene und oft bis zur Erde reichende Zipfel. Die anliegenden Mieder wurden geschnürt oder durch eine Reihe von Knöpfen zusammengehalten. Die Ausschnitte ließen manchmal sogar Schultern und Busen unbedeckt. Über dem Kleid trugen die Damen ein ärmelloses Obergewand. Wichtiger Bestandteil der Mode waren Kopfbedeckungen (Mützen, Helme, Kopftücher).

Die Tendenz zur Betonung der Figur machte sogar vor dem Harnisch nicht halt. In monumentaler Ausführung ist dies an der Statue des heiligen Wenzel im Chor der Nürnberger Frauenkirche oder der Prager Statue des heiligen Georg der Brüder von Klausenburg ersichtlich.

Turniere

Die mit ihrem Gefolge an Hoftagen teilnehmenden Höflinge wollten auch unterhalten sein.

»Altanszene« an der Südquerhausfassade der Marienkirche.
Werk einer Steinmetzhütte des Prager Hofes, um 1370.
Mühlhausen (Thüringen)

Beliebtes Vergnügen des Adels blieb nach wie vor das Turnier. Karl IV. selbst galt in seiner Jugend nicht nur als Liebhaber von Tanz und Vergnügen, sondern auch als leidenschaftlicher Turnierkämpfer. Am Lanzenbrechen beteiligte er sich manchmal unter falschem Namen. Wegen dieser Vorliebe rügte ihn Papst Clemens VI., sicher in der Befürchtung, sein Schützling könnte dabei ums Leben kommen und sich damit die angespannte Situation im Reich noch komplizierter gestalten. Seine Befürchtungen schienen

nicht unbegründet. Bei einem Turnier um 1350 erlitt Karl tatsächlich einen schweren Unfall und verletzte sich Brust- und Halswirbelsäule, was eine zeitweilige Funktionsstörung des Rückenmarks und eine Lähmung der Gliedmaßen zur Folge hatte. Er überlebte den Sturz, aber es blieb eine Deformation der Wirbelsäule zurück: gestauchter Rumpf und ein nach links geneigter Kopf. Seit dieser Zeit hegte er Groll gegen Turniere. Deshalb äußerten sich die Hofchronisten wohl nicht oft zu diesen Wettkämpfen. Bei fest-

Verschiedene Beispiele für die Herrenmode bei Hofe gegen Ende der Herrschaftszeit Karls IV.:
stark geraffter, längerer Rock mit glockigen Ärmeln;
enganliegendes, ausgepolstertes kurzes Wams mit glockigen Ärmeln; Festmantel (Tappert), seitlich geschlitzt;
Beinkleider nach französischer Mode – mi-party (jedes Hosenbein andersfarbig);
das Haar onduliert, der Bart geschnitten.
Drei weltliche Kurfürsten und der Erzbischof von Trier.
Miniatur aus der »Goldenen Bulle« Wenzels IV., 1400.
Cod. 338, fol. 34ʳ, Österreichische Nationalbibliothek, Wien

lichen Zusammenkünften des Hofes mußte er Turniere allerdings dulden. Sie dauerten häufig sogar mehrere Wochen, wie anläßlich des Besuches des ungarischen Königs Ludwig (1353), des polnischen Königs Kasimir (1356) bzw. des bereits genannten Königs Peter von Zypern (1364). Turnierplatz war meist der Altstädter Ring.

Die Adelsgesellschaft, vor allem die Ritter, fand auch an anderen Spielen und Wettkämpfen Gefallen, z. B. Kämpfen, in denen sich die Kraft der Wettstreitenden in Zug oder Druck bewährte. Manchmal endeten sie tragisch. Ein Ritter aus dem Gefolge des polnischen Königs Kasimir umklammerte seinen Gegner so stark, daß dieser auf der Stelle seine Seele aushauchte. An solchen

Spiele und Wettkämpfe

Spielen im engsten Hofkreis beteiligte sich auch Elisabeth von Pommern. Der Hofchronist Benesch sah mit eigenen Augen, wie sie das neue Hufeisen eines großen Pferdes mit ihren Händen zerbrach, was auch die stärksten Männer zuvor nie vermocht hätten: »Wie eine Möhre brach sie mit ihren Händen dicke und sehr starke Haumesser der Soldaten und Messer der Köche, darüber hinaus riß sie auch Harnische oder Panzer der Ritter und Höflinge des kaiserlichen Herrn von oben bis unten auf.« Ihrer Stärke rühmte sie sich jedoch nur nach Aufforderung durch ihren Gatten.

Jagden

Es ist selbstverständlich, daß sich auch die Jagd in den nahegelegenen Wildgehegen der Prager

Die Kleidung der Hofdamen unterschied sich von der der Herrscherin nur durch weniger kostbares Material. Sie charakterisierten weite, offene Ärmel mit langen, nach unten auslaufenden Zipfeln und ein modischer runder Ausschnitt.
Das Kränzchen im Haar bezeichnete die unverheiratete Frau.
König und Königin von Böhmen mit ihren Hofdamen.
Miniatur aus der »Goldenen Bulle« Wenzels IV., 1400.
Cod. 338, fol. 33ᵛ, Österreichische Nationalbibliothek, Wien

Burg großer Beliebtheit erfreute. Aus der Zeit Přemysl Otakars II. stammte das Wildgehege in der Nähe des Dorfes Ovenec (Anfang des 19. Jahrhunderts umgewandelt in den englischen Park der heutigen Stromovka). Ein noch näher gelegenes Wildgehege erstreckte sich hinter dem nördlichen sogenannten Hirschgraben der Prager Burg. Ein großes Schauspiel bot die Menagerie, die sich vermutlich in der späteren Reitschule oder vielleicht sogar dort befand, wo Kaiser Rudolf II. seinen berühmten »Löwenhof« hatte. Der Chronist Marignola berichtet, er habe während seines Aufenthaltes in Prag in der kaiserlichen Menagerie riesige Schlangen und Raubkatzen gesehen. Mit Sicherheit wurden hier auch Löwen gehalten, denn unter den Dienern des Kaisersohnes Wenzel befand sich ein Löwenpfleger – »magister leonum«. Die Menagerie war nicht nur Kurzweil, sondern hatte ihren Sinn und Zweck im Rahmen der Hofrepräsentation: Dem idealisierten Herrschertyp entsprach auch die Vorstellung vom Raubtierbändiger. Sein Prestige gewann durch die Haltung exotischer Tiere, so daß es nicht verwundert, wenn diese häufig den Herrschern als repräsentatives Geschenkobjekt dienten.

Menagerien

Gastmahle   Als notwendiger Bestandteil jedes Hoftages fanden Gastmahle statt. An ihrer Pracht, der Anzahl der Tischgäste, Dauer, Menge, Qualität und Vielfältigkeit der Speisen und Getränke wurde der Ruf des Herrschers gemessen. Die geringste Spur von Sparsamkeit konnte unliebsame Folgen haben. Mangel an gutem Wein bzw. Kürze des Tafelns und Schmausens schadeten dem guten Namen eines Herrschers vielleicht mehr als eine verlorene Schlacht. Der öffentliche Charakter festlicher Mahle ergab sich daraus, daß wegen der großen Teilnehmerzahl diese auch außerhalb der Palastsäle stattfinden mußten. Die Tafeln wurden überall aufgestellt, wo es möglich schien, sogar auf Plätzen, die für diese Gelegenheit eine besondere hölzerne Überdachung erhielten. An Zuschauern mangelte es nicht, und von den Resten wurden auch die hinter den Umzäunungen zuschauenden Armen noch satt. An den Festmahlen nahmen nicht nur Höflinge und Gäste mit ihrem Gefolge teil, auch Vertreter der Bürgerschaft erhielten Einladungen; ihre Töchter und Ehefrauen ergänzten die Zahl der Frauenzimmer des Hofes und leisteten den Höflingen nicht nur bei Tische, sondern auch bei Tanz und Unterhaltung Gesellschaft. Vorführungen von Hanswürsten, Gauklern, Jongleuren und Schauspielern begleiteten die Festessen. Anzunehmen ist, daß dazu verschiedene Wandertruppen gemietet wurden.

Undenkbar waren Gastmahle ohne Musik. Musik Der Dichter Machaut, selbst Musiker, beurteilte während seines letzten Besuches in Prag diese Seite besonders fachmännisch: »Und es waren hier alle Musikinstrumente, und – damit mir niemand sagt, ich lüge – ich nenne euch all ihre Namen.« Er zählte dann etwa 25 französische Bezeichnungen der verschiedensten Streich-, Zupf-, Holz- und Blechblasinstrumente sowie Schlaginstrumente, Dudelsäcke und Orgeln auf. Lange Zeit wurde angenommen, er habe in seiner Prahlsucht einfach alle Instrumente genannt, die er kannte. Die Analyse illuminierter Handschriften Prager Provenienz und Wandmalereien auf

dem Karlstein hat jedoch ergeben, daß Machauts Bericht keine Phantasterei darstellte.

Instrumentalmusik war allerdings im 14. Jahrhundert ausschließlich Gebrauchsmusik im Sinne von Unterhaltungsmusik: Sie begleitete Vergnügungen und Tanz. Zur wirklichen Kunst zählte damals nur die Vokalmusik französischen und italienischen Typs, in der Regel als »ars nova« bezeichnet. Am Pariser Hof bildete sie regelmäßig den Abschluß festlicher Gastmahle. Es war üblich, daß sich die Gäste in einen anderen Saal begaben und bei Konfekt und Wein dem Konzert lauschten. Nicht bekannt ist, ob die »neue Kunst« auch am Hofe Karl IV. betrieben wurde. Sicher jedoch ist, daß sie außerhalb des Hofes Verbreitung fand, besonders unter der Geistlichkeit der St.-Veits-Kathedrale, und zwar in Gestalt sowohl liturgischer polyphoner Musik als auch nichtliturgischer. Am Schreiben tschechischer und deutscher Texte zu Rondeaus, Liedern und Leichen beteiligten sich auch die Studenten der Prager Universität.

Krönungs- Den öffentlichsten Charakter trugen die Krö-
festmahle nungsbankette, eine besondere Art der zeremoniellen Festmahle. In Prag besaßen sie eine große Tradition, und im Gedächtnis der Prager war noch immer das Krönungsmahl Wenzels II., des Großvaters Karls IV., im Jahre 1297 lebendig, bei dem beide damaligen Prager Städte – die Altstadt und die Kleinseite – dem Ansturm der Gäste angeblich nicht standgehalten hätten, so daß viele Teilnehmer in Zelten vor den Stadtmauern nächtigen mußten. Das Gastmahl der Eltern Karls im Jahre 1311 fand im Refektorium des Minoritenkonvents zu St. Jakob in der Altstadt und gleichzeitig an mehreren anderen Stellen statt. Das junge Paar ritt unter einem Baldachin in Begleitung eines zahlreichen Hofstaates und zum Klang von Trompeten, Zithern, Orgeln und Glocken aus der Burg. »Die dies schauten«,

Silberne Gürtelschnalle,
einzigartiges erhaltenes Beiwerk der Damenmode am Prager Hof, 2. Hälfte des 14. Jahrhunderts.
Sogenannter Karlstein-Schatz, Umělecko-průmyslové muzeum, Prag

schrieb ein zeitgenössischer Chronist, »erstaunten und wunderten sich, was für eine Pracht dies war.« Deshalb sorgte auch Karl IV. dafür, daß das Krönungsfestmahl, das er mit seiner Gattin Blanche von Valois am 2. September 1347 in Prag veranstaltete, den Banketten seiner Vorgänger in nichts nachstand. Auf dem St.-Gallus-Platz (Svatohavelské náměstí) in der Prager Altstadt wurde ein großer hölzerner Pavillon errichtet, innen und außen mit golddurchwirkten Stoffen verkleidet. An einer gesonderten Tafel saß das mit den königlichen Insignien geschmückte Paar. Als es beim Speisen die Kronen ablegen mußte, wurden diese während des gesamten Gastmahls von den Söhnen der ranghöchsten Höflinge über den Häuptern gehalten. Die übrigen Teilnehmer hatten je nach Rang und Würde ihren Platz an anderen Tafeln eingenommen. Die Hofbeamten – Marschall, Kämmerer, Truchseß, Mundschenk und Jägermeister – ritten bis zur Tafel auf ihren mit kostbaren Decken geschmückten Pferden, stiegen ab und verrichteten an der königlichen Tafel ihr Amt nach alter Sitte. Das Gastmahl erstreckte sich über den ganzen Tag, und die Teilnehmer erhielten zum Abschluß wertvolle Geschenke.

Gastmahle nach dem Hofzeremoniell fanden auch bei anderen Gelegenheiten statt. Hierzu zählten die Festmahle während der Reichstage. Ihr Zeremoniell war im XXVI. Kapitel der Goldenen Bulle gesetzlich verankert und wurde erstmalig anläßlich der Eröffnung des denkwürdigen Reichstages in Metz am 24. Dezember 1356 praktiziert. Akteure waren alle geistlichen Kurfürsten – die Erzbischöfe von Mainz, Köln und Trier als Erzkanzler – und alle weltlichen Kurfürsten, die Träger der Erzämter: der Herzog von Sachsen als Marschall, der Markgraf von Brandenburg als Kämmerer, der Rheinische Pfalzgraf als Truchseß. Der Ranghöchste unter

Gastmahle nach besonderem Zeremoniell

Rüstung eines Höflings Karls IV.
aus der 2. Hälfte des 14. Jahrhunderts:
auf dem Rücken zu schließender Harnisch (Panzerhemd),
Ring-Beinröhre mit Metallschuh, eiserne Handschuhe, aus einzelnen Formteilen bestehend.
Heiliger Georg mit dem Drachen.
Bronzestatue der Brüder Georg und Martin von Klausenburg
(Autorschaft des Modells sowie ursprünglicher Standort sind umstritten.)
Dritter Burghof, Prager Burg

ihnen, der König von Böhmen, mußte sich in seinem Amt als Mundschenk vertreten lassen.

Es war damals sehr warm, so daß am Ufer des Flüßchens Seille ein großer Festpavillon für etwa 200 Personen errichtet werden konnte, wunderschön ausgestaltet und mit zahlreichen Tafeln und Tischen sowie mit einer hölzernen Umfriedung versehen. Der Kaiser saß allein am Tisch, am zweiten Tisch hatte die Kaiserin Platz genommen, ihr zur Seite die höchsten Gäste: der päpstliche Legat in Frankreich, Kardinal Talleyrand, und der Dauphin Karl, die nach Metz gekommen waren, um über Hilfeleistungen für Frankreich zu verhandeln. Der Hofchronist Benesch, offenbar Augenzeuge, beschrieb in leuchtenden Farben dieses Schauspiel: »Und als so der Herr Kaiser an der höher gelegenen Tafel Platz nahm, kamen die Reichsbeamten angeritten, um, wie es üblich ist, ihren Dienst zu tun. Und zuallererst die Erzbischöfe mit dem kaiserlichen Siegel, weil sie Kanzler sind. Dann ritt der Erzmarschall auf einem hohen Roß an die Tafel, in einem silbernen Gefäß Hafer für des Kaisers Pferd tragend, und plazierte jeden der Fürsten am Tisch an dem für ihn vorbereiteten Platz. Danach ritt auf einem

starken Pferd der Erzkämmerer, Markgraf von Brandenburg, heran, mit einer goldenen Schale und schönen Handtüchern in der Hand, und reichte dem auf dem Thron sitzenden Kaiser Wasser. Nach ihm ritt der Rheinische Pfalzgraf herbei, welcher auf goldenen Schalen Leckerbissen trug und, nachdem er zuvor davon gekostet hatte, diese dem Kaiser vorlegte. Weiter heran ritt Wenzel, der Herzog von Luxemburg und Brabant, welcher als Bruder des Kaisers die Person des Königs von Böhmen vertrat. In goldenen Kelchen brachte er Wein, den er, nachdem er gekostet hatte, dem Kaiser zum Trunke reichte. Zum Schluß ritten die Fürsten heran, Erzjägermeister Markgraf von Meißen und Unterjägermeister Graf von Schwarzburg, beide mit vielen Jagdhunden und -hörnern. Diese brachten mit großem Hallo und Gewandtheit einen Hirsch und Eber zur Tafel des Herrschers. Und es war an diesem Tag ein riesiges Gastmahl angerichtet, so daß niemand eines ähnlichen Zeuge war. Und als es geendet hatte, verteilte der Kaiser freigebig verschiedenartige und prächtige Geschenke unter die Fürsten. Und jeder kehrte mit Freude und Frohsinn nach Hause zurück.«

HOFZEREMONIELL UND KIRCHLICHE RITEN

*D*ie Teilnahme des Herrschers
und seines Hofes an allen kirchlichen Feierlichkeiten und Riten gehörte
im Hinblick auf die Stellung der Kirche im Mittelalter
zur politischen Notwendigkeit, bot jedoch gleichzeitig willkommene Gelegenheit
zu weiterer öffentlicher Präsentation.

Neben Prozessionen, Huldigungen und Schaustellungen von Reliquien, Grundsteinlegungen für Kirchen und deren Weihung handelte es sich vorwiegend um die Teilnahme an Messen und Vespern, Kindtaufen, Hochzeiten, Krönungen und Begräbnissen. Kirchliche Riten waren bis ins einzelne im Missale, Ritual und Pontifikale beschrieben. Es sei gleich vorausgeschickt, daß sie Laien nicht viel Spielraum ließen.

Bei Taufen bildeten die Höflinge nur die Zuschauerkulisse im Dom; mehr zur Geltung kamen sie erst bei den Feierlichkeiten, die sich an die kirchlichen Handlungen anschlossen. Die meisten Berichte sind über die Taufe von Karls langersehntem Thronfolger überliefert: Anna von Schweidnitz gebar Wenzel am 26. Februar 1361 auf der Nürnberger Burg, die Taufe wurde jedoch erst für Sonntag, den 11. April, festgesetzt, um Zeit für die umfangreichen Vorbereitungen für das Fest zu gewinnen. Zur Taufe reisten – außer dem Kurfürsten von Trier – alle Kurfürsten, Herzöge, Fürsten, Prälaten und der Adel aus dem Reich und dem Königreich Böhmen an. Das Kind wurde zwar auf dem Territorium der Mainzer Provinz geboren, die Taufe jedoch ließ Karl IV. in der Kirche des heiligen

Taufen

Sebaldus in Nürnberg durch den Prager Erzbischof Ernst von Pardubitz vornehmen; die Erzbischöfe von Mainz und Köln hoben den Thronerben lediglich gemeinsam mit ihm aus dem Taufbecken.

Sowohl der Akt selbst als auch der Name Wenzel brachten die Kontinuität der Herrschaft, die Fortsetzung des Erbes der Přemysliden durch die luxemburgische Dynastie, zum Ausdruck. Den Verlauf der Taufe beschrieb der Augenzeuge und Chronist Heinrich Taube aus Selbach. Erst viel später schmückte die Nürnberger Chronik des Heinrich Deichsler, voreingenommen durch eine feindliche Haltung zu Wenzels Reichsherrschaft, böswillig die Taufe mit einem angeblich unliebsamen Vorkommnis aus: ». . . der selb kung Wenczla besheiß sich in der tauf . . .« Nach der Taufe ließ Karl das ungewöhnlich kräftige und lebhafte Kind mit Gold aufwiegen – angeblich waren es 16 Talente –, die er dem Aachener Dom stiftete. Der Prinz sollte jedoch nicht nur durch diese Geste, sondern auch auf andere Weise mit dem römisch-deutschen Reich verbunden werden. So ordnete der Kaiser an, die Reichsreliquien vom Karlstein zu bringen und sie in Nürnberg erstmals zur öffentlichen

Nürnberger Frauenkirche.
Mit dem Bau dieser Kaiserkapelle wurde spätestens im Jahre 1352 begonnen,
Konzeption und bildhauerische Ausgestaltung waren das
Erstlingswerk Peter Parlers für Karl IV.

Anbetung auszustellen, ähnlich wie alljährlich in Prag. Die Schaustellung erfolgte offenbar von der Galerie der kaiserlichen Stiftung – der Frauenkirche – aus. Der Papst erteilte bei dieser Gelegenheit Ablässe, die sonst nur am Gründonnerstag in Rom üblich waren. Die anschließenden Festmahle, Turniere und Lustbarkeiten dauerten acht Tage.

Wenzels Geburt, Taufe und Erziehung ließ Karl IV. durch einen unbekannten Hofmaler um das Jahr 1370 im sogenannten Wenzelsbild in der Kapelle des heiligen Mauritius zu Nürnberg verewigen. Das Ensemble von vier Wandmalereien umfaßte auch die Werbung Karls um Anna von Schweidnitz. Eine derartige Anordnung von Szenen aus dem Privatleben des Herrschers in der Kirche gehörte zu den allegorisch-symbolischen Mitteln der Prager Hofkunst: Die Heiligkeit des Raumes warf einen Abglanz des göttlichen Heiligenscheins auf Vater, Mutter und Sohn.

Auch beim Hochzeitszeremoniell beschränkte **Hochzeiten** sich die Aufgabe des Hofes nur darauf, in der Kirche die entsprechende Kulisse zu schaffen. Dafür beteiligten sich die Höflinge hinterher um so mehr an der allgemeinen Belustigung. Karls Ehen wurden dort geschlossen, wo die Bräute zu Hause waren oder erzogen wurden: in Paris, Bacharach, Ofen und Krakau. Sein Sohn Wenzel heiratete in Nürnberg. Die Prager Residenz erlebte nur die Hochzeiten der drei Töchter Karls, aber die Chronisten verzeichneten hierüber nichts als die nackten Daten. Nach 1346 verheiratete Karl IV. seine älteste Tochter Margaretha im Alter von elf Jahren mit dem ungarischen König Ludwig; im gleichen Alter ging Katharina im Frühjahr des Jahres 1353 mit Rudolf IV. von Österreich die Ehe ein. Als sie verwitwete, suchte Karl als neuen Bräutigam Otto von Bayern aus, den Markgrafen von Brandenburg. Die Hochzeit fand zusammen mit der Trauung seiner dritten

Tochter Elisabeth mit Albrecht III. von Österreich statt. Das beinahe kindliche Alter der Bräute bildete damals keinesfalls eine Ausnahme.

Krönungen Mehr kam der Hof bei den Krönungsfeiern zur Geltung. Auch diese waren an ein liturgisches Zeremoniell gebunden, das sich nach besonderen Krönungsordnungen richtete. Karl IV. wurde im Laufe seines Lebens sechsmal gekrönt: in Bonn (1346) und Aachen (1349) mit der römisch-deutschen, in Prag (1347) mit der böhmischen, in Mailand (1355) mit der langobardischen, in Rom (1355) mit der kaiserlichen Krone und in Arles (1365) mit der des Königreiches Arelat.

Die Krönung mit der altertümlichen langobardischen Krone in Mailand ging traditionsgemäß der Kaiserkrönung in Rom voraus. Die Krönung in Arles war ein symbolischer Akt, der andeuten sollte, daß das Heilige Römische Reich seine Ansprüche auf den französischen Teil des Imperiums weiterhin geltend machte. Neben der Krönung in Rom hatten daher nur die Krönungen zum römisch-deutschen König und die Krönung zum böhmischen König tatsächliche Bedeutung. Im 14. Jahrhundert entsprangen hieraus allerdings keine staatsrechtlichen Konsequenzen mehr, denn die Legitimierung der Regierungsgewalt im Reich erfolgte mittels Wahl durch die Kurfürsten, im Königreich Böhmen durch Erbfolge. Trotzdem behielten die Krönungen politische Bedeutung: Ihr Wesen bestand nicht im Aufsetzen der Krone und der Übergabe weiterer Insignien – Zepter, Reichsapfel und Schwert – allein; dazu gehörte der sakrale Akt der Salbung von Haupt, Brust und Händen, analog der Priesterweihe bzw. Bischofskonsekration. Am besten charakterisiert den Ritus die französische Bezeichnung »le sacre«. Erst durch die Krönung wurden die Herrscher in den Augen der Untertanen zu Königen bzw. zum Kaiser »von Gottes Gnaden«.

Schlußakt der Krönung:
Der König, der am Altar die Insignien seiner Herrschaft überreicht bekam,
wird in den dem Zeremoniell entsprechenden Mantel gehüllt und von den Bischöfen zum Thron geleitet.
Miniatur aus einer illuminierten Prager Handschrift, 1396,
die die tschechische Übersetzung der Krönungsordnung Karls IV. aus dem Jahre 1347 enthält.
Cod. 619, fol. 38ʳ, Österreichische Nationalbibliothek, Wien

Das Zeremoniell fand während der Messe statt, und zwar zu Beginn dieser, vor der Lesung des Evangeliums. Im Reich war dazu der Aachener Dom, im Königreich Böhmen der St.-Veits-Dom in Prag bestimmt. Das Ritual durften nur Metropoliten ausführen, im Reich der Erzbischof von Köln und in Böhmen der Prager Erzbischof.

Ebenso wie bei Taufen und Hochzeiten hatte der Hof den Dom zu füllen und der Krönung den entsprechenden Glanz zu verleihen. Weltliche Personen konnten nur in einigen Teilen des Zeremoniells mitwirken, insbesondere im Krönungszug zum Dom: Ehrenämter bekleidende Höflinge trugen die Insignien zum Altar und nahmen sie im weiteren Verlauf der Messe in Obhut, sobald das Krönungspaar sie ablegte. Die Aufgabenverteilung erfolgte nicht so genau wie bei den nach dem Zeremoniell ablaufenden Festmahlen: Da sich zu einer Krönung nur selten alle Kurfürsten einfanden, entschied man an Ort und Stelle über ihre Vertretung. Dies ging oft nicht ohne Meinungsverschiedenheiten ab. Bei Karls Aachener Krönung kam es zwischen Ludwig von Brandenburg und Wilhelm von Jülich zum Streit darüber, wer das Zepter tragen dürfe.

Größere Beteiligung als im Reich verzeichnete der Hof bei der böhmischen Krönung, und zwar schon allein im Hinblick darauf, daß die Krönungsordnung für den Vorabend des Festes den Zug von der Prager Burg auf den Wyschehrad und zurück vorschrieb. Einer genaueren Fest-

Krönung der Königin durch zwei Bischöfe
in der Initiale des Segnungsgebetes der Krönungsordnung.
Aus dem illuminierten Pontifikale des Albrecht von Sternberg, 1376,
der Arbeit einer künstlerischen Werkstatt bei Hofe.
D G 119, fol. 169ʳ. Památník Národního písemnictví – Strahov, Prag

legung der Aufgaben der Hofbeamten im Rahmen des Zeremoniells wich die böhmische Ordnung jedoch ebenfalls aus. Ausdrücklich benannte sie nur den Kämmerer, der an der Spitze des Zuges zu schreiten hatte.

Die feierlichste Zeremonie war die Kaiserkrönung Karls IV. und seiner Frau Anna von Schweidnitz am 5. April 1355 in Rom. In Vertretung des Papstes übernahm der päpstliche Legat, Kardinal-Bischof von Ostia, Pierre de Colombiers, das Ritual, das er im Detail von seinem Kaplan beschreiben ließ. Der Weg des Krönungszuges nach Rom, von Monte Mario kommend, führte die traditionelle Straße der altrömischen Kaiser (die heutige Via Trionfale) entlang und durch die Porta Collina nahe der Engelsburg. Am Tor hießen die Vertreter der Stadt und eine zahlreiche Menge das königliche Paar will-

Kaiserkrönung in Rom im Jahre 1355

kommen. Karl IV. und Anna von Schweidnitz zogen, mit Purpurmänteln bekleidet und der königlichen Krone auf dem Haupte, in die Stadt ein. Der Zug kam nur langsam zum Platz vor dem Petersdom voran, da Gruppen edler Jünglinge von Karl durch Berührung mit dem Zepter zum Ritter geschlagen werden wollten. An der Marmortreppe des Domes stiegen König und Königin vom Pferd und traten ins Atrium. Umgeben von der Geistlichkeit empfing sie der päpstliche Legat und begrüßte sie mit Kuß und Umarmung. Dann führte er Karl in die Marienkapelle im Turm, damit er dort den üblichen Eid ablegte, den Papst und die römische Kirche, ihren Besitz, ihre Rechte und Privilegien zu schützen. Von der Kapelle aus begleitete ihn der Legat unter Trompetenklang, Trommelwirbel und Jubel der Menge in die Basilika zum Grab des

Pontifikale (mit einer den Akt der Vereidigung darstellenden Initiale),
das der päpstliche Legat, Kardinal Pierre de Colombiers, im Jahre 1355 bei der Krönung in Rom benutzte.
Für diese Gelegenheit wurde nachträglich in der dritten Zeile von oben der Name »Carolus« eingesetzt.
Pontificale Romanum aus der 1. Hälfte des 14. Jahrhunderts.
Ms. lat. 15.619, fol. 70ᵛ, Bibliothèque Nationale, Paris

heiligen Petrus, wo bereits die Königin und die Höflinge ihre Plätze eingenommen hatten. Das Zeremoniell der Salbung fand in der St.-Mauritius-Kapelle statt. Nach Eröffnung der Messe krönte der Legat Karl, indem er ihm – unter Handreichung des Stadtpräfekten – zunächst Zepter, Reichsapfel und Schwert übergab und ihm zuerst die Mitra und dann die Reichskrone aufs Haupt setzte. (Die Mitra unter der Krone und unter dieser weich auf die Schultern herabfließende Fanons waren wesentliche äußere Zeichen der Kaiserkrone.) Analog krönte er dann auch Anna von Schweidnitz, allerdings mit dem Unterschied, daß der Legat ihr die Bischofsmitra so auf das offene Haar setzte, daß ihre Spitzen nach den Seiten gerichtet waren.

Nach Beendigung der Messe ritt das kaiserliche Paar durch Rom zum Krönungsmahl im Lateran. Die Ehrendienste im Krönungszug – das Führen der kaiserlichen Pferde am Zügel, das Halten der Quasten ihrer scharlachroten Dekken, das Saumhalten der Krönungsmäntel, das Tragen der Brokat- und Seidenhimmel über beiden Ehegatten – leisteten gewöhnlich Höflinge, allerdings lösten sich darin in Rom die römischen Senatoren ab. Karl IV. und Anna von Schweidnitz hatten bereits die Kaiserkronen auf ihrem Haupt, der Kaiser hielt das Zepter. Auf der Brükke unterhalb der Engelsburg kam der Zug nur langsam voran, da sich dort wieder all diejenigen versammelt hatten, die den Ritterschlag durch Berühren mit dem kaiserlichen Zepter ersehnten. (Karl IV. soll an diesem Tage etwa 1500 Personen zum Ritter geschlagen haben.) Vor dem Kaiserpaar ritten der Marschall und weitere Hofbeamte, die zur Erinnerung an diesen denkwürdigen

Tag aus den an ihren Sätteln befestigten Beuteln Goldmünzen unter die Menge warfen.

Den sakralen Charakter der königlichen Macht manifestierte nicht nur der Krönungsakt. Er stützte sich auch auf das Wesen des wichtigsten Kleinods des Ritus selbst – auf die Krönungskrone. In den fortgeschrittensten Ländern der westlichen Christenheit herrschte die Meinung vor, daß, im Gegensatz zu den vielen »privaten« Kronen, diese nicht nur persönliches Eigentum des Herrschers, sondern auch Krone des »Landes« sei. Der Doppelcharakter fand seinen Ausdruck darin, daß die Krönungskrone zum Besitz des Landespatrons, z. B. des heiligen Wenzel, erklärt und seinem Schutz anvertraut wurde.

Auch die Herrscher selbst trugen zu ihrer Sakralisierung bei, um diese dann um so mehr zu ihrem Vorteil zu nutzen. Als die französischen Könige im 13. Jahrhundert eine der wertvollsten Reliquien – die mutmaßliche Dornenkrone Christi – erwarben, ließen sie ein kleines Stück davon in die Krönungskrone einlegen. Damit brachten sie symbolisch ihren Anspruch zum Ausdruck, Stellvertreter Christi auf Erden zu sein. Diese Tradition machten sich sehr rasch auch die Könige von Böhmen zu eigen. Přemysl Otakar II., Karls Urgroßvater, erbat vom französischen König ein Stück eines Dorns und ließ ihn ebenfalls in die Krönungskrone einfügen, die er dann dem heiligen Wenzel weihte.

Bei der Krönung zum römisch-deutschen und böhmischen König ließ Karl neue »couronnes sacres« anfertigen. Die ältere ist Karls böhmische, für das Zeremoniell im Jahre 1347 bestimmte Krone. Hier wurde die Gestalt der älteren Krönungskrone aus dem 13. Jahrhundert mit der eingelegten Dornenreliquie beibehalten. Dieses Werk Prager Goldschmiede und Juweliere zierte seitdem das Haupt des heiligen Wenzel im St.-Veits-Dom und gehört zu den schönsten und denkwürdigsten europäischen Kronen.

Für die Bonner und Aachener Krönung konnte Karl IV. die Karl dem Großen zugeschriebene Krone nicht verwenden, da sie sich zusammen mit dem übrigen Reichsschatz bis zum Jahre 1350 in den Händen der Wittelsbacher befand. Er ließ deshalb in einer Prager Werkstatt eine neue Krone des Römischen Reiches anfertigen und nach dem Vorbild der Wenzelskrone ständig auf der Büste Karls des Großen im Aachener Dom aufbewahren, die als Reliquienschrein den Schädel des Heiligen barg.

Am dichtesten berührten sich Hofzeremoniell und Kirchenriten bei Pontifikalmessen, die ein Metropolit zelebrierte. Besonders feierlich verliefen Messen anläßlich hoher Feiertage, zu denen zahlreiche Gäste die Residenz aufsuchten. Das Herrscherpaar, mit allen Zeichen der Würde angetan, nahm, umgeben vom Hofstaat, unter einem Himmel auf den Thronen im Chor der Kathedrale Platz. In den Arkaden waren kostbare und farbenprächtige Wandteppiche und Portieren angebracht. Zum prunkvollen Charakter der Messe trug auch das diesem Zweck angepaßte Ritual bei: Vor Beginn wurde Weihwasser an die Throne gebracht, vor der Lesung des Evangeliums das Missale und während der Zeremonie des »Friedenskusses« das Pacifikale. Das Hofzeremoniell konnte sich während der kirchlichen Amtshandlungen bei den verschiedensten Handreichungen wie Abnehmen, Herbeitragen, Begleiten und wiederum Reichen von Insignien voll entfalten. Besonders eindrucksvoll verlief das Offertorium: Karl IV. und seine Gattin legten die Zeichen der Herrscherwürde ab und stiegen vom Thron, um sich zum Altar zu begeben und Brot, einen Kelch mit Wein und Gold zu opfern. An der Spitze des Zuges schritt ein höfischer Würdenträger, in der Regel der Marschall, mit

Krönungs-kronen

Pontifikal-messen

22 *Lederhülle für die böhmische St.-Wenzels-Krone,*
reich verziert, getrieben und koloriert,
eine Arbeit der Prager Handwerker bei Hofe, 1347.
Kronkammer, St.-Veits-Dom, Praha

23 *Böhmische St.-Wenzels-Krone (1346),*
Zustand nach den im Jahre 1374 vorgenommenen
Veränderungen. Im vorderen und hinteren Teil
überwiegen Steine weinroter Farbe (Spinelle),
in den seitlichen Partien die blaue Farbe
(vor allem Saphire). In der Mitte des vorderen
Teiles befindet sich ein großer Saphir
und darüber ein Rubin,
der für den größten der Welt gehalten wird.
Kronkammer, St.-Veits-Dom, Praha

25 Zeremonienthron Karls des Großen
in der Empore des Aachener Münsters,
den die Könige des Heiligen Römischen Reiches
bei ihrer Krönung bestiegen.
Steinsessel aus Marmorplatten altrömischer Herkunft,
Ende 8. Jahrhundert. Dom, Aachen

24 Aachen – Zentrum des Kults um Karl den Großen
im Reich und Krönungsort der
römisch-deutschen Könige. Die Kapelle
mit dem 1355 begonnenen gotischen Chor war
in ihrem Grundriß (Oktogon) Vorbild
für die Prager Kirche des Karlshofes in der Neustadt,
die von Karl IV. gegründet worden ist.

Vorhergehende Seite:
26 Aachener Reichskrone.
Außer den drei Perlen weist sie einen reichen Besatz an wertvollen gallisch-römischen Gemmen
aus Chalzedon und Sardonyx auf, die aus Karls Schatz stammen.
Unter ihnen sticht besonders die klassische Gemme mit Psyche hervor.
Sie ist ein Werk Prager Goldschmiede, nach 1349, Kamara mit Kreuz etwas später.
Die Büste Karls des Großen ist jüngeren Ursprungs und ihre Prager Herkunft nicht gesichert.
Domschatz, Aachen

27 Älteste Abbildung des Panoramas von Nürnberg,
nach Prag der häufigste Aufenthaltsort des Hofes Karls IV.
Holzschnitt aus: Hartmann Schedel, Liber chronicarum, Nürnberg 1493

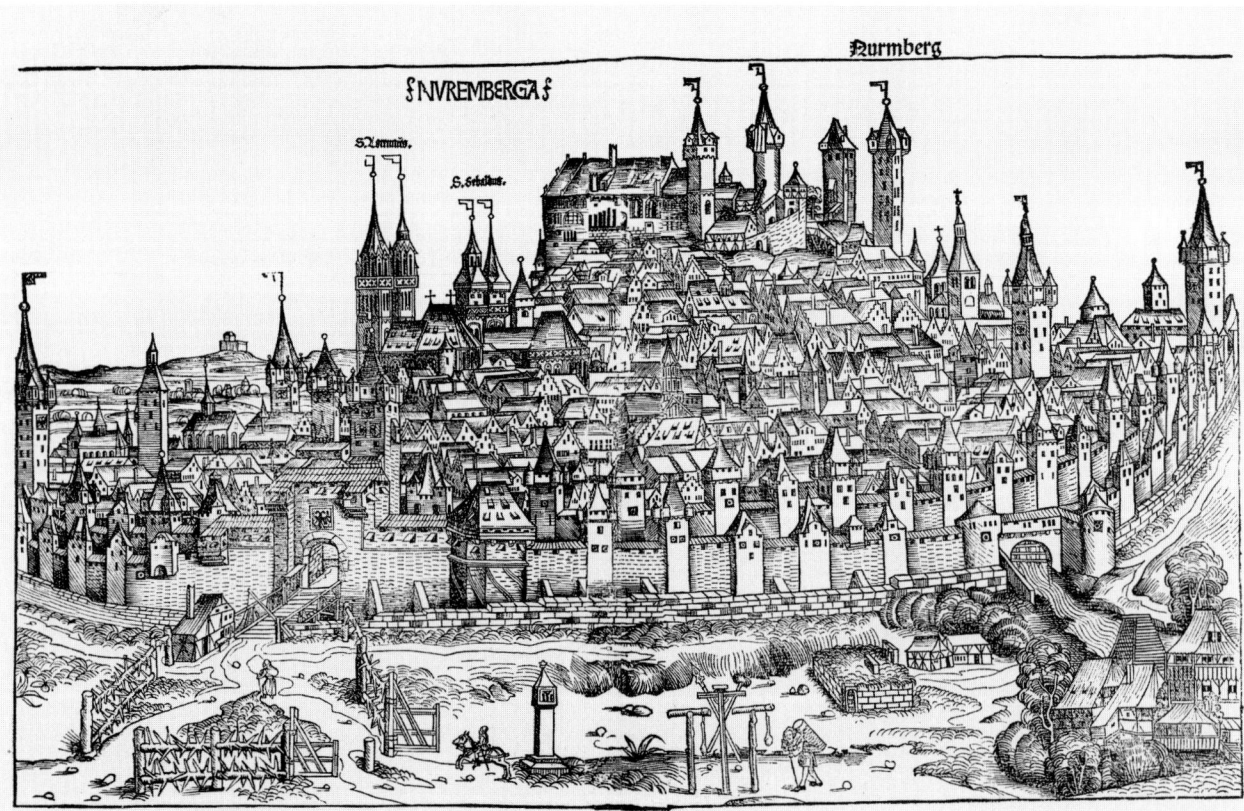

28 Der Hof reist zum Reichstag:
An der Spitze des Zuges der Erzbischof von Trier und drei weltliche Kurfürsten –
der Kurfürst von Sachsen, der Kurfürst von Brandenburg und der Kurfürst von der Pfalz,
hinter dem Kaiser der böhmische König Wenzel IV. und die Kaiserin Elisabeth mit Hofdamen.
Miniatur aus der »Goldenen Bulle« Wenzels IV., 1400. .
Cod. 338, fol. 39ʳ, Österreichische Nationalbibliothek, Wien

29 Einzug Karls IV. und Wenzels IV. in Paris am 4. Januar 1378,
zwischen beiden auf weißem Roß Karl V. von Frankreich.
Aus einem illuminierten französischen amtlichen Bericht, nach 1379,
über den Aufenthalt Karls IV. in Frankreich.
Grandes chroniques de France (Chroniques des règnes de Jean II et Charles V).
Ms. fr. 2813, fol. 470ᵛ, Bibliothèque Nationale, Paris

30 Der Einzug in eine Stadt mit Bischofssitz
fand in der Regel seinen Abschluß im feierlichen
Geleit zum Dankesgebet in den Dom.
Empfang und Begrüßung Karls IV. und Wenzels IV.
in der Reichsstadt Cambrai am 20. Dezember 1377.

31 Das Empfangen und Überreichen wertvoller
Geschenke gehörte zum Hofzeremoniell:
Der Herzog von Berry überreicht dem Kaiser
bei seinem Besuch in Paris im Jahre 1378 zum
Abschied die Geschenke des französischen Königs.
Beide Abb. aus einem illuminierten französischen
amtlichen Bericht, nach 1379,
über den Aufenthalt Karls IV. in Frankreich.
Grandes chroniques de France
(Chroniques des règnes de Jean II et Charles V).
Ms. fr. 2813, fol. 467^v und fol. 472, Bibliothèque
Nationale, Paris

*32 Die »Königsstraße« führte über die Steinbrücke,
von welcher sich dem aus der Altstadt oder Neustadt
Ankommenden noch heute der Blick
auf die Prager Burg öffnet.
Hradschin mit Brücke, Prag*

*33 Das Prager Triumphtor – Ostfassade mit den
thronenden Statuen Karls IV. und Wenzels IV.
sowie den Statuen der böhmischen Landespatrone.
Peter Parler, um 1376 bis 1380.
Altstädter Brückenturm, Prag*

gezogenem Schwert, ihm folgten die Höflinge mit Opfergaben in kostbaren Schalen, danach die Kurfürsten oder Ehrenämter bekleidende böhmische Höflinge, Zepter, Reichsapfel und beide Kronen tragend. Zu beiden Seiten schritten weitere Höflinge als Ehrenbegleitung, zum Schluß näherte sich das Herrscherpaar. Nach Überreichen der Opfergaben am Altar kehrte der Zug in umgekehrter Reihenfolge zu beiden Thronen zurück, wo Karl IV. und seine Gemahlin die Insignien wieder in Empfang nahmen.

Epilog der zeremoniellen Anwesenheit des Herrschers in der Kirche war seine Bestattung. Im Gegensatz zur Krönung gab es hierbei keine Norm in Form einer besonderen Ordnung. Und doch war das Ritual sorgfältig durchdacht, wenn auch nicht von Karl IV. selbst, so doch sicher von einem seiner nächsten Räte. Dank der städtischen Berichterstatter, insbesondere eines Augenzeugen aus Augsburg, ist der Verlauf der Trauerfeierlichkeiten, an denen der ganze Hof teilnahm, bis ins Detail bekannt:

Karl IV. starb am 29. November 1378 im Prager Palast, umgeben von seiner Familie und den Vertrautesten unter den Höflingen. Sein einbalsamierter Körper war elf Tage lang im großen Audienzsaal des Palastes aufgebahrt, damit sich die Trauergäste aus nah und fern vor ihm verneigen konnten. Vor dem Katafalk, im Scheine unzähliger Wachskerzen, lagen auf Kissen die Reichs- und die böhmischen Krönungskleinodien, und rundherum waren kostbare Reliquienschreine mit Heiltümern und Gebeinen von Heiligen aufgestellt.

Erst am zwölften Tag begann das sechstägige Trauerzeremoniell, in dessen Verlauf der Herrscher zum letzten Male den Weg auf der »Königsstraße« zurücklegen sollte. Der Sarg wurde zunächst in den St.-Veits-Dom getragen, von wo aus sich der Trauerzug nach kurzer Andacht in

»Pompes funèbres«

Bewegung setzte. An der Spitze schritten 478 schwarzgekleidete Bürger mit angezündeten Kerzen, diesen folgten 144 Hofbedienstete. Hinter ihnen kamen Schüler der Pfarrschulen, Kanoniker der Prager Kapitel, die gesamte Ordens- und Weltgeistlichkeit und ferner die Studenten, Bakkalaurei, Magister und Doktoren der Prager Universität, an der Spitze der Rektor und die Dekane. Ein Augenzeuge schätzte den Zug auf etwa 7000 Personen. Vor dem Sarg trugen Herolde die Fahnen mit den Wappen der Länder, in denen Karl IV. unmittelbar geherrscht hatte. Diese begleitete eine berittene leichtgerüstete Ehrenwache, deren Pferde mit schwarzen Schabracken bedeckt waren. Sie trug die Banner mit den Wappen der angeführten Länder. Dann folgte das Banner des böhmischen Königreiches und zuletzt das Reichsbanner mit dem schwarzen Adler auf goldenem Feld.

Die nächste Abteilung des Zuges führte ein Ritter an, der in seiner linken Hand Karls Helm, geschmückt mit einer goldenen Krone und in eine Hermelindecke gehüllt, trug; in der rechten hielt er das gezogene Schwert, mit der Spitze zur Erde gekehrt. Hinter ihm ritten auf schabrackengeschmückten Pferden drei Ritter: Der erste trug das Banner des Heiligen Römischen Reiches (weißes Kreuz auf schwarzem Feld), der zweite ein Banner mit schwarzem Adler auf silbernem Feld und der dritte eine gelbe Reiterstandarte mit dem schwarzen Reichsadler; sie hielten die Spitze der Banner gesenkt. Danach folgten die ranghöchsten Adligen, die die Totenbahre mit dem großen offenen, auf goldenem Tuch stehenden Sarg trugen.

Der Kaiser ruhte auf Kissen aus dem gleichen Tuch, angetan mit goldenen und purpurnen Beinkleidern, einem Purpurmantel und der Kaiserkrone hinter dem Haupte. Ihm zur rechten Seite lag die eiserne langobardische Krone mit dem

Kloster des heiligen Laurentius vor den Mauern Roms.
Sein dem Papst gegebenes Versprechen einhaltend, verließ Karl IV.
noch am Abend des Krönungstages Rom und übernachtete hier mit einem kleinen Gefolge.
S. Lorenzo fuori le Mura, Rom

Reichszepter, links die böhmische Krone mit dem Reichsapfel und dem gezogenen Zeremonienschwert. An den Händen trug er weiße Handschuhe und darüber goldene, edelsteinbesetzte Ringe. Zwölf Ritter hielten über der Bahre einen Himmel aus golddurchwirktem Brokat. Hinter dem Sarg fuhren in zwölf schwarzbezogenen Kutschen die Kaiserin Elisabeth und die anderen weiblichen Familienmitglieder mit ihren Hofdamen. Dann folgten 26 Kutschen mit den Gattinnen und Töchtern führender Angehöriger des Hofes und des Adels aus dem Reich und dem Königreich Böhmen. Den Abschluß des Zuges bildeten 500 Höflinge, Be-

amte, Fürsten und Adlige aus den Erbländern und dem Reich, zuletzt ritt der Erbe und Thronfolger Wenzel IV., den wiederum 114 Männer in Schwarz mit Kerzen in der Hand begleiteten.

Da die »Königsstraße« durch die drei Prager Städte führte, fiel die Ehre, den Sarg zu tragen, auch jeweils dreißig Ratsherren und Bürgern der Städte zu. Am Altstädter Brückenturm schlossen sich dem Zuge noch 150 schwarzgekleidete, ausgewählte Handwerker und 360 Vertreter aller Prager Zünfte an. Der Zug endete an diesem Tag auf der Burg Wyschehrad, wo der Sarg die ganze Nacht über in der Kapitelkirche ausgestellt blieb. Am folgenden Tag traten die sterblichen Überreste Karls IV. den zweitägigen Rückweg zur Königsburg an, denn die zwei folgenden Nächte weilten sie nacheinander in der Minoritenkirche des heiligen Jakob in der Altstadt und in der Johanniterkirche auf der Kleinseite. Hier übernahmen am 14. Dezember erneut die böhmischen Adligen den Sarg und trugen ihn in einem auf 1500 Menschen geschätzten Zug zum letzten nächtlichen Aufenthalt in den Burgpalast.

Am nächsten Tag fand im St.-Veits-Dom das Pontifikalrequiem statt, welches der Prager Erzbischof, Kardinal Johann Očko von Wlaschim, zelebrierte. Ihm ministrierten sieben Bischöfe, darunter auch sein Neffe und Nachfolger Johann von Jenstein. Der Körper des Kaisers ruhte, eingehüllt in seinen Zeremonienmantel, in einem Zinnsarg. Neben ihm lagen die Kriegsstandarte des Heiligen Römischen Reiches und sein Reiterschild, wobei der Kopf des Adlers zur Erde gesenkt war. Das eindrucksvolle Zeremoniell gipfelte im großartigen Offertorium. Nach einem alten Brauch opferte man hierbei nicht nur die bei der Bestattung verwendeten Gegenstände, sondern symbolisch auch Pferde und Reiter. Die beim Verkauf der Opfergaben erlösten Gelder wurden dem Dom gestiftet. Zu den Opfergaben gehörten die an der Spitze des Zuges getragenen Reiterstandarten zusammen mit 26 Pferden der Fahnenträger, weiter der kaiserliche Schild und der Helm mit der goldenen Krone, die der Markgraf von Mähren und der Markgraf von Meißen zum Altar brachten, und der über dem Sarg getragene Baldachin, zuletzt »opferte« sich mit seinem Pferd noch ein Reiter. Am Schluß des Zuges mit den Opfergaben schritt die Kaiserin im goldenen Gewand mit der Krone auf dem Haupt. Die Königin von Böhmen, Johanna von Bayern, und die Markgräfin von Mähren, Agnes, begleiteten sie; hinter ihnen schritten je 100 schwarzgekleidete Hofdamen und Dienerinnen. Die Kaiserin hatte ihre Insignien auf den Altar zu legen, jedoch war sie wegen starker Erregung dazu nicht in der Lage, so daß dies an ihrer Stelle Königin Johanna tat.

Am Sarg wurden zwei Grabreden gehalten, deren Texte überliefert sind. Der greise Kardinal Johann Očko von Wlaschim, Karls Vertrauter von frühester Jugend an, hob die Eigenschaften des Entschlafenen hervor, derentwegen er der Seligsprechung würdig sei, und nannte ihn einen »zweiten Konstantin«. Aus der Gelehrsamkeit der überladenen Rede des Scholastikers des St.-Veits-Kapitels und Doktors der Pariser Universität Vojtěch Raňků von Ježov überdauerte die Jahrhunderte bis in unsere Zeit die Redewendung vom »Vater des Vaterlandes«, mit der traditionsgemäß die altrömischen Kaiser geehrt worden waren.

Erst am folgenden Tag wurde Karl IV. in die Gruft der böhmischen Könige in der Kathedrale gesenkt, in einem einfachen Sarg und – offenbar auf eigenen Wunsch – ins Gewand eines Minoritenmönchs gekleidet. Die Bestattungsinsignien einschließlich der Krone waren ebenfalls sehr einfach – aus Holz. Der Pomp des Bestattungsaktes erfuhr so einen unerwarteten, jedoch für Karl als Menschen offenbar charakteristischen Abschluß.

Gepriesen und
verehrt zu werden und so ins ewige Gedenken einzugehen –
danach strebten die Herrscher schon immer.
In Karl IV. wurde dieser Wunsch
besonders durch die italienischen Humanisten genährt.

Als der Herrscher im Jahre 1355 in Pisa den Florentiner Gelehrten und Dichter Zanobi da Strada mit dem Lorbeerkranz krönte – nebenbei erwähnt sei, daß es sich um einen Konkurrenten Petrarcas handelte –, trug der frischgebackene »poeta laureatus« bei dieser Gelegenheit eine Rede zum Lobe des Menschen vor: Nach dieser übertreffe der Mensch das Tier durch sein Verlangen nach Ruhm. Der Kaiser formulierte selbst in einem Schreiben an Zanobis Landsmann Marignola, als er diesen zum Verfassen einer Chronik aufforderte, junge Herrscher müßten Lehren aus der Geschichte ziehen und sich ein Beispiel an hervorragenden Persönlichkeiten nehmen; Anregung hierzu solle ihnen die Sehnsucht nach Ruhm sein, die natürliche Eigenschaft großer Geister.

Es war nicht allzu schwer, Verfasser von Lobgesängen zu finden. Besonders die gewandte Feder italienischer Höflinge am Hofe Karls IV. geizte nicht mit panegyrischen Gedichten und lobpreisenden rhetorischen Ergüssen. Mit Worten der Lobpreisung begannen auch alle dem Kaiser gelegentlich vorgelegten Denkschriften und Gutachten. Antonio da Ferrara, dessen Bruder Niccolò mehrere Jahre am Prager Hof lebte,

Lobpreisungen

verstand es ebenso, einen Lobgesang auf Karl IV. zu dichten wie eine Schmähschrift, als er sich offenbar in seiner Hoffnung auf Belohnung getäuscht sah.

Auch den gelungensten Lobgesängen war nur ein sehr kurzes Leben beschieden. Das Monopol auf beständige Verbreitung kaiserlichen Ruhms fiel bereits seit der Antike einem anderen literarischen Genre zu – der Geschichtsschreibung.

Hofchronisten

Die Hofgeschichtsschreibung wurde beinahe ausschließlich an den Herrscherresidenzen betrieben. Hier waren ältere Chroniken, mit dem Schatz des Herrschers zusammen verwahrte bedeutsame Urkunden und die Register der Hofkanzlei am ehesten zugänglich; hier konnten Chronisten weitere erforderliche Informationen gewinnen und die Intentionen des Herrschers unmittelbarer erkennen. Die außerhalb des Hofes entstehenden Schriften, sei es in Verbindung mit kirchlichen Institutionen oder Chronisten großer Städte, konnte Karl IV. kaum beeinflussen. Zeitgenössische Reichschroniken, wie die des Matthias von Neuenburg, des Heinrich Taube oder des Heinrich von Diessenhofen, brachten ganz unverhüllt ihre unfreundliche bis feindselige Haltung gegenüber dem Kaiser zum Aus-

Benesch von Weitmühl, Hofchronist.
Sandsteinbüste von Peter Parler, 1375 bis 1378.
Inneres Triforium des St.-Veits-Doms, Prag

druck. Der Westfale Heinrich von Herford hat wohl mit seinem »Buch der Denkwürdigkeiten« Karl IV. am meisten befriedigt, denn der Kaiser ließ ihm in Minden ein Grabmal setzen.

Karl IV. war vor allem daran gelegen, seine Regierungstätigkeit in den Chroniken der böhmischen Geschichte im günstigsten Licht geschildert zu sehen. In diesen wollte er als Erbe der Přemysliden und Vollender des Werkes des heiligen Fürsten Wenzel dargestellt werden. Der Aufstieg des Geschlechts der Luxemburger hatte als neue zukunftsträchtige Ära zu erscheinen, gipfelnd in der Kaiserwürde Karls, der Böhmen zum »Mittelpunkt des Weltreiches« gemacht hatte. Der erste Hofchronist, Franz von Prag,

Poenitentiar des Erzbischofs, kam mit dieser Aufgabe nicht zurecht; er führte seine Chronik nur bis zum Jahre 1353. Die Fortsetzung übernahm der Kanoniker von St. Veit und dritte Baurektor der Kathedrale, Benesch von Weitmühl, der Karls Regierung bis zum Jahre 1374 schilderte; es ist dies das einzige überlieferte zeitgenössische historiographische Werk, das fast die gesamte Regierungsperiode Karls umfaßt. Die Chronik des Benesch von Weitmühl weist allerdings den geringen Bildungsgrad des Autors aus und hat ihre Schwächen dadurch, daß dieser – wie er selbst zugibt – nie an vertraulichen Beratungen teilnahm. Trotzdem machte ihn der persönliche Kontakt zum Herrscher und zum Palastleben zu

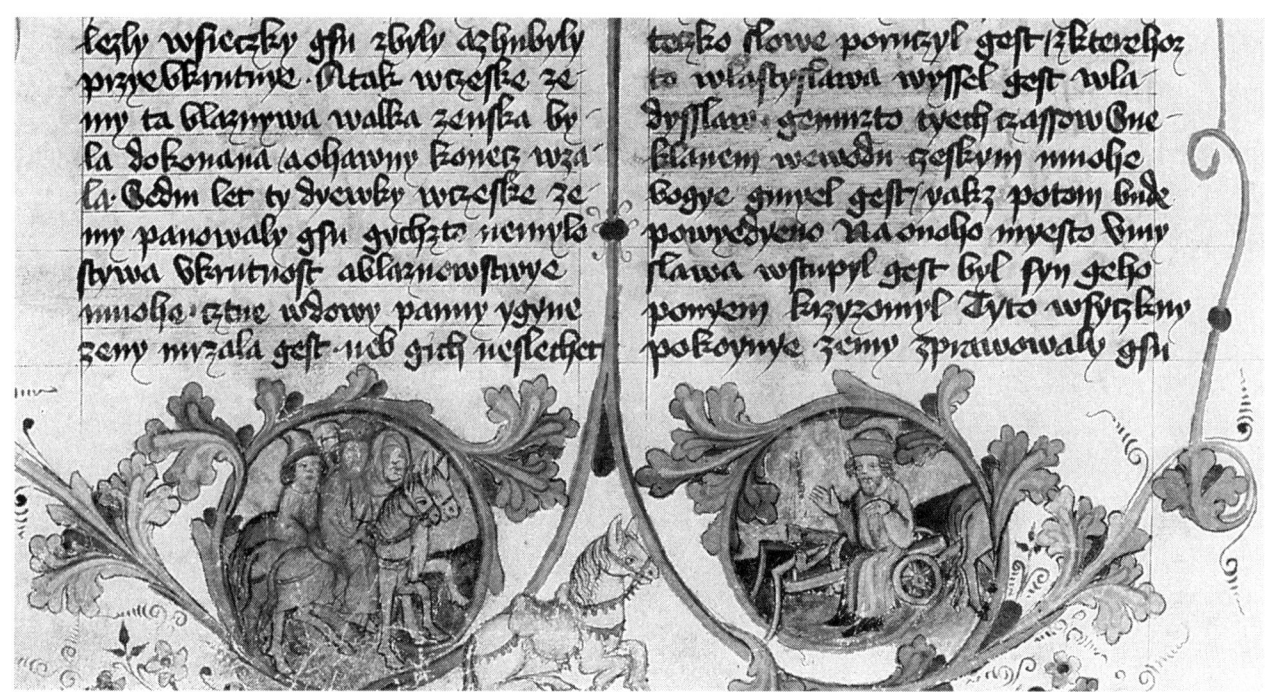

Tschechische Übersetzung der Chronik des Pulkava mit einer Szene, in der Libussa
Přemysl dem Pflüger anträgt, ihr Gemahl und Fürst zu werden,
Anfang 15. Jahrhundert. E 6 kod. 370, Spalte 22, Státní okresní archiv, Brno

einem unersetzlichen Informanten über viele Ereignisse am Hofe.

Während Benesch noch die neuesten Begebenheiten aufzeichnete, ohne daß jemand ahnte, wie
schnell der Tod seinem Wirken ein Ende setzen
würde, veranlaßte der Kaiser – mit seiner Arbeit
unzufrieden – die Niederschrift einer neuen böhmischen Chronik. Auf seine Anordnung hin
wurden in Klöstern und Burgen alte einheimische Annalen durchgesehen, in schlechtem Zustand befindliche Handschriften abgeschrieben,
alle wichtigen Urkunden zusammengetragen.
Die auf dieser Grundlage entstandene »Chronica
Boemorum« schloß mit dem Jahre 1330, dem
Jahr des Ablebens der kaiserlichen Mutter Elisa

beth. Wer aber war der Autor? Einige Handschriften der Chronik bezeichnen direkt Karl IV.
als Verfasser, andere den Rektor der Schule bei
der Kollegiatskirche des heiligen Ägidius in der
Prager Altstadt, Přibík Pulkava von Radenín.
Die Chronik ist in ihrer Konzeption, die ihr
zweifellos der Herrscher gab, bemerkenswert.
Sie besaß vermutlich als Vorbild die »Grandes
chroniques« der französischen Könige. Hauptgliederungspunkte der Darstellung sind die »gesta principum« – Taten der Herrscher mit deren
lapidar umrissenen Porträts. Die Einbeziehung
der Brandenburger Geschichte in die Chronik
deutet darauf hin, daß es sich nicht nur um eine
Chronik Böhmens und Mährens, sondern um

eine der Länder der Krone Böhmens überhaupt handeln sollte. Die Chronik wurde bald darauf aus dem Lateinischen ins Tschechische und Deutsche übersetzt; sie stellt die am meisten verbreitete Chronik der böhmischen Geschichte überhaupt dar.

Karls Ehrgeiz richtete sich allerdings auf die Verewigung seines Werkes in einer Chronik vom Typ der sogenannten Weltchronik. Im Zusammenhang mit der bevorstehenden Kaiserkrönung betraute er im Jahre 1353 einen adligen Florentiner, den Minoriten Giovanni Marignola, Professor an der Universität von Bologna, mit dieser Aufgabe. Im Rang eines päpstlichen Legaten wirkte dieser jahrelang in China und trat nach seiner Rückkehr als Hofkaplan in Karls Dienste. Seine Chronik beendete er jedoch nicht: Die römische Geschichte behandelte er nur bis zu Augustus, die böhmische nur bis zum Beginn des 14. Jahrhunderts mit flüchtigem Ausblick auf die Regierungszeit Karls. Das kleine Werk zeichnet sich lediglich durch eine Reihe Bemerkungen über Beobachtungen am Prager Hof aus. Darüber hinaus ermöglicht es jedoch einen Einblick in die Forderungen Karls an die Hofgeschichtsschreibung und in die Hofideologie. Marignola erfaßte voll das Anliegen des Kaisers, die Genealogie in der přemyslidischen und auch in der luxemburgischen Linie bis auf die angeblich göttlichen heidnischen Vorfahren und über die römischen Kaiser und die Herrscher Trojas zu Gottheiten des Altertums zurückzuführen.

Nach dem ungenügenden Erfolg bei Marignola wandte sich Karl IV. mit dem gleichen Auftrag an seinen Diplomaten, den Abt Neplach. Dieser schrieb lediglich eine trockene »Kurze römische und böhmische Chronik«, die er bis zum Jahre 1365 führte. Für die Zeit Karls IV. ist nur die Beschreibung des Kaiserbesuches in Avignon im Jahre 1365 überliefert.

Karls Hofgeschichtsschreibung entsprach also nicht seinen Vorstellungen. Doch auch im Falle eines Erfolges hätte sie nur bei wenigen Gebildeten aus den Reihen des Adels und des Bürgertums wirksam werden können. Breiteste Kreise der mittelalterlichen Gesellschaft wurden lediglich über visuelle Eindrücke von Meinungen und Ideen erreicht und angesprochen. Die Aufgabe der Verherrlichung im wahrsten Sinne des Wortes konnte so nur die bildende Hofkunst erfüllen. Es war von großem Vorteil, daß der entsprechende Boden für die Erfüllung dieser Funktion sowohl bei den Rezipienten als auch bei Mäzenen und Schöpfern der Kunstwerke selbst bereitet war. Sie knüpften an die nie unterbrochenen Traditionen an, die Kontinuität der Kunst der letzten Přemysliden.

Architektur, Bildhauerei und Goldschmiedekunst hatten in den Stiftungen der Mutter Karls, Elisabeth, und ihres Stiefonkels, des Olmützer Bischofs und eines der ersten Kanzler Karls, Johann Wolko, ihre größte Förderung erfahren. Auch die Übernahme von Anregungen aus der französischen und avignonesischen höfischen Kunst setzte sich fort. Aus Frankreich wurden Künstler nach Prag berufen, die bereits für den Prager Bischof Johann IV. von Draschitz und für den König Johann von Luxemburg gearbeitet hatten.

Karls Interesse konzentrierte sich in den Anfängen seiner Herrschaft auf große Bauvorhaben und städtische Projekte sowie anspruchsvolle Goldschmiedearbeiten. Die Hofmalerei, sowohl die Buch- als auch die Tafelmalerei, lebte vor allem von den Aufträgen reicher und einflußreicher Höflinge.

Velislav, der erste Protonotar der Hofkanzlei, bestellte um 1350 eine der umfangreichsten mittelalterlichen Handschriften überhaupt, die sogenannte Velislav-Bibel. Sie enthält etwa

750 kolorierte Federzeichnungen zu den verschiedensten Sujets biblischen und legendären Inhalts. Dieses Werk zweier unbekannter Illuminatoren zeichnet mit seinen Reminiszenzen an Handschriften des 11./12. Jahrhunderts den späteren und für die karolinische Kunst so charakteristischen programmatischen Historismus vor. Etwa in die gleiche Zeit fällt auch die große stifterische Leistung Peters I. und Jobsts von Rosenberg. Beide lösten sich bis zum Jahre 1352 im Amt des Oberkämmerers ab. Jobst führte Karls Krönungszug in Prag an. Ein unbekannter Künstler malte für sie einen Bilderzyklus aus dem Leben Christi, von dem neun Bilder erhalten sind. Der nach dem damaligen Aufbewahrungsort des Werkes als Hohenfurter Meister bezeichnete Maler knüpfte an die damals fortschrittlichsten Züge der italienischen Malerei an und schuf die Grundlagen für die weitere Entwicklung der böhmischen Tafelmalerei. Zu den Auftraggebern eines seiner Schüler gehörte der Erzbischof Ernst mit seiner Madonna, die er dem Augustinerkonvent in Glatz stiftete.

Auch die Buchmalerei bezog Anregungen aus Italien. Sie fand ihren großen Mäzen im Kanzler Johann von Neumarkt, insbesondere nach dessen Rückkehr von Karls erstem Romzug. Das prächtigste in des Kanzlers »scriptorium« entstandene Werk ist sein Brevier »Liber viaticus« aus der Zeit um 1360. Der unbekannte Autor nahm in diesem Genre eine analoge Stellung ein wie der Hohenfurter Meister in der Tafelmalerei. Die Buchmalerei erfreute sich auch bei anderen einflußreichen Höflingen Karls IV. großer Beliebtheit: Ernst von Pardubitz, Johann Očko von Wlaschim, Dietrich von Portitz, Albrecht von Sternberg trugen mit ihren anspruchsvollen Aufträgen zur Berühmtheit der Buchmalerei bei.

Die verherrlichende Funktion der bildenden Kunst wurde in den verschiedenen Bereichen je nach der Art, dem Thema und der Darstellungsweise deutlich.

Verherrlichende Funktion der höfischen Kunst

Die einzelnen Bereiche des höfischen Kunsthandwerks hatten durch Luxus und Pracht ihrer Schöpfungen Zeugnis von Karls gewaltigem Ruhm und Reichtum abzulegen. Diese Mission erfüllten insbesondere die Goldschmiede und Juweliere. Eine Vorstellung vom Können der Meister vermitteln noch heute die Wenzelskrone und die Aachener Krone, die Krone von Karls Tochter Anna, der späteren Königin von England, und besonders die wertvollen Reliquiare, die der Herrscher dem St.-Veits-Dom bzw. dem Aachener Dom zum Geschenk machte.

Die höfische Kunst ist dadurch charakterisiert, daß sie die dargestellten Personen, Ereignisse und Szenen in Illuminationen, Fresken und bildhauerischen Kreationen auf die Ebene höfischen Zeremoniells hob: durch verfeinerte Gestik und Mimik, höfisch-elegantes Benehmen, zeitgenössische Festgewänder, theatralischen Charakter des Palastmilieus.

Auf diese Weise wurden auch sakrale Szenen gestaltet. Heilige ähnelten in Haltung und Kleidung Karls Höflingen. »Mariä Verkündigung« trug z. B. alle äußeren Kennzeichen einer Privataudienz bei der eine wichtige Botschaft aus der kaiserlichen Kanzlei empfangenden Königin. Analog wurden gewöhnlich Szenen aus der Privatsphäre des Herrschers auf höchste rituelle Ebene gehoben. Überzeugend belegt dies ein Vergleich schriftlicher Berichte mit deren bildnerischer Darstellung: Nach einem französischen Berichterstatter legte Karl IV., als er anläßlich seines Pariser Aufenthaltes im Jahre 1378 ganz inoffiziell die Königin besuchte, nach seinem Eintritt in ihr Gemach den Hut ab. Der Illuminator dieser Begegnung ließ Karl diesen Besuch mit der Krone auf dem Haupte absolvieren und schmückte gleichermaßen die Königin. Ähnlich

Geburt des Herrn.
Gemälde vom Meister des Hohenfurter Zyklus, 1347, mit dem Bild des Stifters,
des Oberkämmerers Peter I. von Rosenberg.
Národní galerie, Prag

wird bei Abbildung des Hofes auf Reisen das Herrscherpaar zu Pferde ständig in vollem Herrschaftsstaat dargestellt, die sie begleitenden geistlichen Kurfürsten reiten mit der Mitra auf dem Haupte und dem Bischofsstab in der Hand, obwohl man weiß, daß es üblich war, mit Mantel und Hut bekleidet zu reisen.

Der glorifizierende Charakter zeremonieller Akte wurde noch um ein Vielfaches gesteigert durch die Verschiebung aus der realen in die allegorische Ebene. Die Person Karls IV. flankierten die verschiedensten Symbole, von Wappentieren bis zu Engeln und Heiligen. Manchmal erfüllten diesen Zweck eher der Garderobe byzantinischer Kaiser zuzuordnende Kostüme. Hierzu gehört auch der mit einem Muster aus Bäumen und Papageienpärchen geschmückte Mantel, den Karl auf einem Fresko der ersten Reliquienszene auf dem Karlstein trägt. Von dem programmatischen Historismus der karolinischen Kunst zeugen ebenso der (ursprünglich vergoldete) Schuppenkoller der Kaiserstatue am Altstädter Brücktenturm oder der Schuppenpanzer, den der Herrscher auf dem Siegel der Prager Universität aus dem Jahre 1348 trägt. In beiden Fällen verbinden byzantinische Reminiszenzen Karl IV. darüber hinaus mit der přemyslidischen Tradition: Aus goldenen Schuppen schuf der Hofgoldschmied Johann von Griechenland den Krönungsmantel für Karls Großvater Wenzel II., und auch der heilige Wenzel trägt auf dem Universitätssiegel eine byzantinische Rüstung.

Am wirksamsten kam die Verherrlichung allerdings in der Monumentalkunst zum Ausdruck. Der Prager Hof orientierte sich neben der Architektur vornehmlich auf die Wandmalerei als einen Bereich, der kultische und politische Programme viel überzeugender zu vermitteln verstand als die Tafelmalerei, ganz zu schweigen von der Buchmalerei. Beispielgebend für diese Orientierung war der päpstliche Hof in Avignon. Erst gegen Ende der Regierungsperiode Karls trat jene Kunst in den Vordergrund, der der Pariser Hof den Vorzug gab: die Bildhauerei.

Die Glorifizierung des Herrschers in der Monumentalkunst findet sich in verschiedenen Themenkreisen: im Porträt, in den Bilderzyklen der Ahnen und Vorgänger, in der Sakralisierung des Herrschers und seiner Regierung durch umfangreiche ikonographische Programme des Karlsteins und der St.-Veits-Kathedrale.

Rolle des Porträts

Zu Beginn des 14. Jahrhunderts wurde die abstrakte Typisierung des Herrschers, wie sie später noch lange auf Siegeln und Münzen weiterlebte, für eine dauerhafte Verewigung der Herrschergestalt als nicht ausreichend erachtet. Individualisierte Züge schienen eine zuverlässigere Garantie zu sein. Besonders Höfe emporstrebender Dynastien – die Anjou in Neapel und Valois in Paris – bevorzugten diese Darstellungsweise. Gleiche Motive bewegten auch die Luxemburger. Karl IV. und sein französischer Neffe Karl V. hatten entscheidenden Anteil an der Etablierung des Porträts in der Hofkunst.

Prag fiel die Rolle eines Verbindungsgliedes zwischen den italienisch-französischen Anfängen in der ersten Hälfte des 14. Jahrhunderts und der erfolgreichen Vollendung des realistischen Porträts in der niederländischen Malerei des 15. Jahrhunderts zu. Das erklärt die Koexistenz konventioneller und progressiver Elemente. Der Auftrag der Stifter, die Fähigkeiten des Künstlers und die Funktion des Porträtwerkes beeinflußten das künstlerische Resultat. So kamen neben dem realistischen Porträt auch andere Porträtarten zur Geltung: Die äußere Gestalt floß in einen bestimmten Idealtyp ein, z. B. eines Heiligen oder Ritters, mit dem die porträtierte Person verglichen wurde (Idealporträt); ein unbekanntes Äußeres versah der Künstler mit tatsächlichen Porträtzügen (Pseudoporträt), oder er versteckte ein bekanntes Gesicht im Bildnis eines Heiligen, sogar der Jungfrau Maria bzw. des Heilands (Kryptoporträt).

Richtungweisend für die höfischen Porträts als Träger der Glorifizierung des Herrschers wurde die dreifache Abbildung Karls IV. in den sogenannten Reliquienszenen auf dem Karlstein (um 1360). Sie bildeten den Ausgangspunkt für alle folgenden Porträts Karls IV., die allerdings im Laufe der Zeit zunehmend idealisierende Züge annahmen. Hier ist das tatsächliche Äußere des Kaisers dargestellt, das sowohl der unlängst erfolgten anthropologischen Analyse der Skelettüberreste als auch der zeitgenössischen Beschreibung durch Matteo Villani entspricht: »Seine Person war von mittlerem Wuchs, aber nach Meinung der Deutschen klein, gebeugt, Hals und Kopf nach vorn geneigt, jedoch eben-

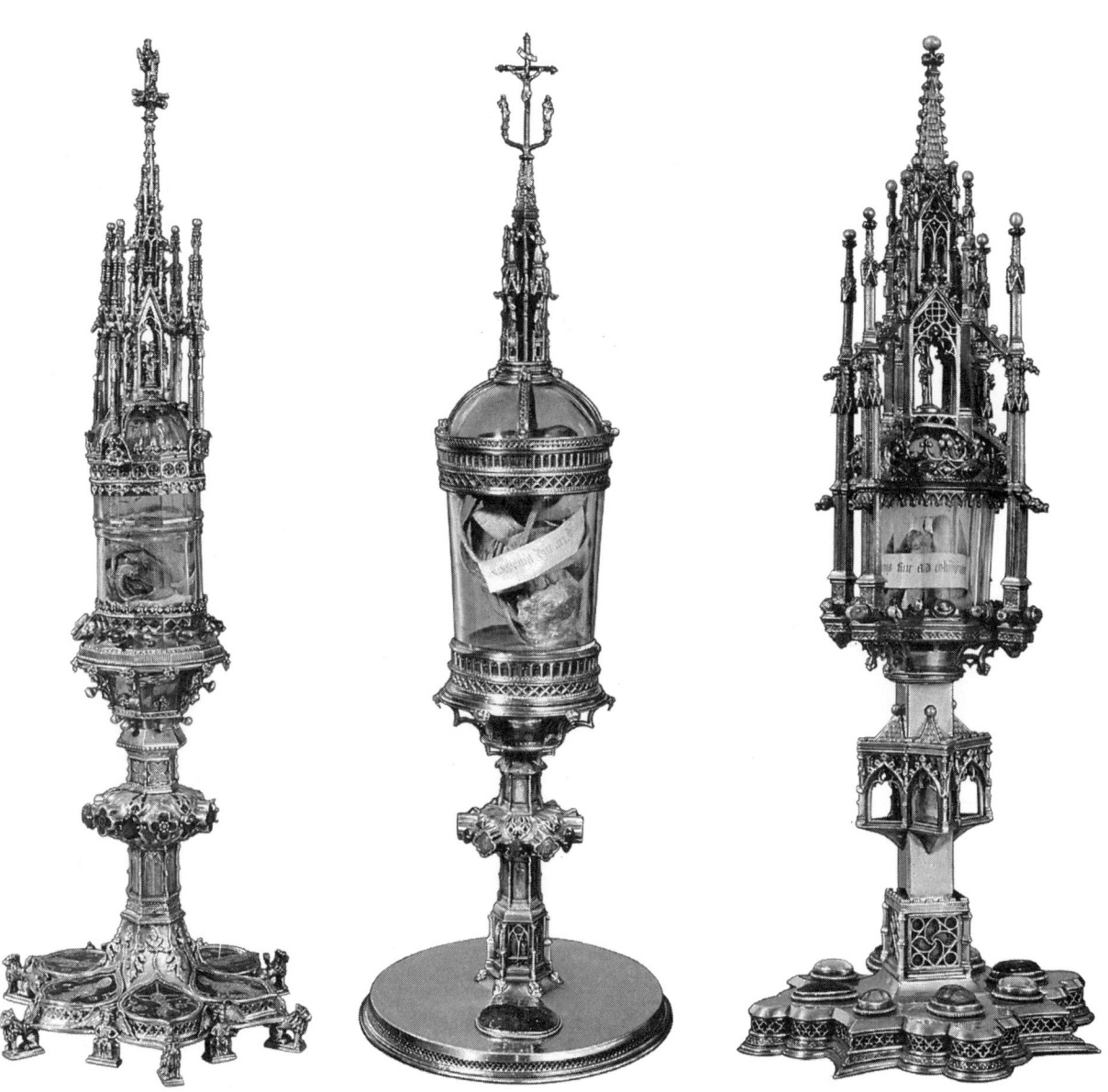

Drei Reliquiare: mit dem vermeintlichen Gürtel der Jungfrau Maria,
einem Teil des Christus-Gürtels und einem Stück der Peitsche, mit der Christus gemartert wurde.
Geschenk Karls IV. an den Aachener Domschatz,
Prager Goldschmiedearbeiten, um 1370, die in ihrer architektonischen Ausführung
die Inspiration durch Parler verraten.
Domschatz, Aachen

Karl IV. und Anna von Schweidnitz,
das böhmische Reliquienkreuz in ihren Händen haltend.
Wandmalerei, nach 1355, im Supraport der Kapelle der heiligen Katharina, Karlstein.
Das Bild erinnert an eine byzantinische Darstellung, auf der Kaiser Konstantin
und seine Mutter Helena ein Kreuz emporheben.

mäßig. Er hatte schwarzes Haar, große, weitstehende Augen, breite und volle Wangen, einen schwarzen Bart und vorn einen kahlen Kopf.« Ein realistisches Porträt erhielt in den Reliquienszenen auf dem Karlstein auch der Dauphin Karl und in der Kapelle der heiligen Katharina ebenso Anna von Schweidnitz. Daß verschiedene Porträttypen – und dies mit augenscheinlicher Absicht – in einem einzigen Werk vorzufinden sind, davon zeugt das berühmte Votivbild des Johann Očko von Wlaschim (um 1370). Neben dem Idealporträt des jungen, in Engelsgestalt stilisierten Wenzel und dem das fortgeschrittene Alter verschweigenden Karls IV. trägt das Porträt des Erzbischofs Züge eines bis ins Expressive gehenden Naturalismus.

Den Höhepunkt erreichte die Porträtkunst am Hofe Karls IV. mit dem bildhauerischen Werk

Die Parlersche
Porträtgalerie

132

Goldenes Reliquienkreuz.
Bezüglich des Reliquiengehaltes ist es identisch mit dem verlorengegangenen böhmischen (Karlsteiner) Kreuz,
äußerlich unterscheidet es sich. Das Kreuz entstand in einer Prager Werkstatt um 1357.
Es ist reich verziert mit Perlen, Edelsteinen und Gemmen aus Karls Schatz.
Svatovítský poklad, Prag

des Peter Parler und seiner Hütte. Dies hing mit der gesamten Konzeption Karls zur St.-Veits-Kathedrale zusammen, die dem Ruhm seiner Person und seiner Dynastie dienen sollte. Es handelt sich um den bekannten Zyklus von 21 Büsten im inneren Triforium, der die böhmischen Luxemburger und all diejenigen darstellt, die sich um den Bau des Doms verdient gemacht haben: die ersten drei Prager Erzbischöfe, die Domher-

ren – Baurektoren und beide Architekten. In der Porträttypologie mußte Parler berücksichtigen, daß sich diese Skulpturen am allerheiligsten Ort über dem Presbyterium befinden und mit ihrer Anordnung eine wichtige Aufgabe im kaiserlichen Herrschermythos erfüllen. Als Grundlage für die Porträts wählte Parler einen idealen Gesichtstyp, zu dem auch ein leichtes, Erhabenheit über alles Weltliche ausdrückendes Lächeln

Elisabeth von Pommern und Anna von Schweidnitz.
Sandsteinbüsten von Peter Parler mit den Resten ursprünglicher Bemalung, 1375 bis 1378.
Inneres Triforium des St.-Veits-Doms, Prag

gehört. Diesem Grundtypus verlieh er besondere Züge durch eine ganze Skala von Ausdruckselementen, die die einzelnen Personen charakterisieren: Anmut Anna von Schweidnitz, Knabenhaftigkeit Wenzel IV., Würde Elisabeth, die Přemyslidin, und Blanche von Valois, körperliche Kraft Elisabeth von Pommern. Es sind auch hervorragende realistische Porträtstudien des ersten Baumeisters der Kathedrale, Matthias von Arras, und des Chronisten Benesch von Weitmühl sowie ein Selbstporträt Peter Parlers vertreten. Die Büste Karls IV. abstrahiert von seinem tatsächlichen Alter und hält sich an ältere Darstellungen, stilisiert ihn in einem idealisierten offiziellen Porträt.

Galerie der Vorgänger und Ahnen

Mit der Sprache der Monumentalkunst sollte der Herrscher zudem als Vollender seiner Hausmacht und des Werkes seiner Vorgänger auf dem Thron gefeiert werden. Diese Glorifizierung hatte weitreichenden politisch-propagandistischen Sinn, der auch von der französischen Hofkunst ausgiebig genutzt wurde. Karl IV. kannte die Ende des 13. Jahrhunderts entstandene Galerie von 43 Skulpturen französischer Könige im großen Saal des Palais de la Cité und sah bei seinem letzten Parisbesuch auch das berühmte »vis du Louvre« – eine skulpturengeschmückte Treppe, die Karl V. in Auftrag gegeben hatte. Auch in Prag war diese Idee nicht unbekannt. Bereits der Prager Bischof Johann IV. von Draschitz

Peter Parler.
Selbstporträt, Sandsteinbüste, 1375 bis 1378.
Inneres Triforium des St.-Veits-Doms, Prag

schmückte seinen Palast auf der Kleinseite mit Bildern seiner Vorgänger. An diese Tradition konnten Karls Programmzyklen anknüpfen, die Hauptschmuck der Repräsentationssäle auf der Prager Burg, dem Wyschehrad, dem Karlstein und in Tangermünde waren. Obwohl sie – ebenso wie die in Paris – nicht erhalten sind, kennt man – mit Ausnahme von Wyschehrad – doch zumindest den Inhalt und die Art und Weise der bildnerischen Umsetzung. Die Entstehung der Zyklen fällt in das Jahr 1355, als Karl IV. die höchstmögliche weltliche Würde erlangt hatte und diese den Besuchern der Residenz als natürliche Folge weitreichender dynastisch-politischer Zusammenhänge vorführen wollte.

Am umfangreichsten war der historische Zyklus im Hauptsaal des Prager Palastes. Er umfaßte etwa 100 großformatige Tafelbilder, die in mehreren Reihen übereinander die Wände und Fensternischen bedeckten. Von dieser ganzen Galerie sind nur einige Fragmente von Bildunterschriften und Bilderhaken erhalten geblieben. Der Zyklus stellte Karl als Glied einer langen Reihe von Herrschern der Weltreiche des Altertums dar, über römische und byzantinische Kaiser zu Karl dem Großen und den Kaisern des Heiligen Römischen Reiches.

Einen anderen Charakter trug die Galerie im Saal des Karlsteiner Palastes, und zwar nicht nur hinsichtlich der Maltechnik. In Wandbildern, deren Sujets von einer Ende des 16. Jahrhunderts angefertigten Kopie bekannt sind, wurde die Genealogie der luxemburgischen Dynastie veranschaulicht: 60 in Lebensgröße abgebildete Personen, vermutlich in zwei Reihen übereinander angeordnet, Männer und Frauen, von denen sich die Kontinuität des Geschlechts herleitete, wie Giovanni Marignola in seiner Chronik andeutete. So entstand ein phantastischer Stammbaum vom Patriarchen Noah des Alten Testaments bis zu den Göttern des Altertums, vom Herrscher über Troja reichte er weiter zu den römischen Caesaren und über die Merowinger bis zu Karl dem Großen. Von diesem ging die dynastische Linie zu den Herzögen von Brabant und über die Tochter Johanns III., Margarethe, verheiratet mit Kaiser Heinrich von Luxemburg, bis zu Karls Eltern. Der Stammbaum schloß mit Karl IV. und Blanche von Valois.

Die jüngste Bildergalerie, die in Tangermünde, beinhaltete nach der Inventarliste aus dem 16. Jahrhundert Darstellungen von Karl IV., sieben Kurfürsten und 15 Herrschern, die nach den beigefügten Wappen, weißer Löwe auf rotem Feld, als Karls Vorgänger auf dem böhmischen Thron identifiziert wurden. Die Galerie sollte offenbar die Vereinigung Brandenburgs mit der Krone Böhmens symbolisieren.

Die Glorifizierung der Könige und die Verherrlichung ihrer Dynastien wurden seit dem Ende des 13. Jahrhunderts immer deutlicher mit der Sakralisierung ihrer Herrschaft verbunden. Die Hofkunst zeigte große Erfindungsgabe in der Verwendung der Symbolsprache, die nicht nur den Herrscher, sondern sogar Vertreter seines Hofes in beredte semantische Beziehungen zur himmlischen Sphäre brachte. All diese Verfahren waren mehr oder weniger für die europäische Hofkunst als solche charakteristisch. Als typisch für den Prager Hof galt die Ein-

Sakralisierung der Herrschaft in der Ikonographie

beziehung einzelner allegorisch-symbolischer Elemente in umfangreiche und durchdachte ikonographische Programme, wie sie bei der Ausstattung des Karlsteins verwirklicht wurden und in der St.-Veits-Kathedrale gipfelten.

Reliquienschatz auf dem Karlstein

Auf dem Karlstein erfolgte die Verherrlichung Karls IV., seiner Dynastie und der göttlichen Grundlagen des luxemburgischen Kaisertums dadurch, daß der Herrscher hier vor ausgewählten Besuchern des Hofes als Besitzer eines kostbaren Reliquienschatzes, der hauptsächlichen Passionsreliquien Christi, auftreten konnte. Ihr Besitz galt seit Konstantin dem Großen als die mystische Grundlage der höchsten weltlichen Macht innerhalb der Christenheit.

Von jeher hatte der Schatz der byzantinischen Herrscher in Konstantinopel den Neid der Kaiser und Päpste hervorgerufen, da er alle Passionsreliquien umfaßte. Bedeutende Herrscher versuchten, eine ähnliche Sammlung zusammenzutragen. Diesen Schatz in seiner Gesamtheit übertraf bis dahin weder der im Ensemble der Reichsreliquien enthaltene Schatz Karls des Großen noch der Ludwigs des Heiligen in der Sainte-Chapelle, obwohl er sogar die mutmaßliche Dornenkrone Christi enthielt. Der Ehrgeiz, den bedeutendsten Schatz zu besitzen, wohnte Karl IV. offenbar seit dem Aufenthalt in Frankreich inne. Als Kaiser des Heiligen Römischen Reiches hätte er sich mit dem Reliquienschatz Karls des Großen bescheiden können, der ihm im Jahre 1350 übergeben wurde und für den er die Burg Karlstein errichten ließ. Als er sich jedoch mit dem Gedanken der Erweiterung der luxemburgischen Hausmacht über die Grenzen der lateinischen Christenheit hinaus zu tragen begann und »monarcha mundi« sein wollte, erschien es ihm unerläßlich, Reliquien zusammenzutragen, die der Sammlung der byzantinischen Kaiser ebenbürtig wären. Da die entsprechenden Quellen dafür

35 Reich verziertes Blatt und Initiale
mit der Verkündigung aus dem Brevier des Kanzlers
Johann von Neumarkt, Liber viaticus, 1355 bis 1364.
Der Kanzler ist mit den Pontifikalien
des Bischofs von Leitomischl in der
linken unteren Ecke als Stifter dargestellt.
XIII A 12, fol. 69ᵛ, Knihovna Národního muzea, Prag

34 Disputation der Universitätsmagister
in Anwesenheit des Herrschers und Hofes.
Miniatur aus der illuminierten
böhmisch-mährischen Handschrift über
das Schachspiel,
Tractatus de ludo scacorum, um 1430.
Vit. 25 – 6, fol. 20, Biblioteca Nacional, Madrid

36 Matthias von Arras,
erster Baumeister der Prager Kathedrale.
Sandsteinbüste von Peter Parler, 1375 bis 1378.
Inneres Triforium des St.-Veits-Doms, Prag

37 Strebepfeiler des Chors mit äußerem Triforium.
Das Werk von Peter Parler ist einzigartig in seiner Monumentalität.
St.-Veits-Dom, Prag

38 Silbervergoldeter Reliquienschrein, um 1370,
mit dem Zeichen der Familie Parler.
Svatovítský poklad, Prag

39 Die Hofgoldschmiede befaßten sich auch mit
Arbeiten an Kleinodien. Dieser Kristallkrug
unbekannter Herkunft wurde im Jahre 1348 in Prag
mit einer silbervergoldeten Einfassung versehen
und sein Sockel mit Edelsteinen besetzt.
Er diente als Reliquiar für die Aufbewahrung
eines Streifens des Tafeltuches, das angeblich
vom letzten Abendmahl des Herrn stammte.
Karl IV. erhielt ihn vom
ungarischen König Ludwig als Geschenk.
Svatovítský poklad, Prag

40 Interieur der Wenzelskapelle (1356–1367)
mit der Statue des Heiligen.
Arbeit Heinrich Parlers (1373), Neffe Peter Parlers,
die bereits den »Schönen Stil« andeutete.
St.-Veits-Dom, Prag

41 Sogenannte Reliquienszenen.
Wandmalereien, 1357 bis 1358, in der Marienkirche
des Karlstein

42 Der heilige Hieronymus wurde im 14. Jahrhundert
in Böhmen als mutmaßlicher Übersetzer der Bibel
ins Kirchenslawische verehrt.
Tafelbild des Meisters Theoderich, 1365 bis 1367.
Národní galerie, Prag

43 Votivbild des zweiten Prager Erzbischofs
Johann Očko von Wlaschim mit
sechs böhmischen Schutzpatronen (stehend);
in der unteren Hälfte der kniende Stifter,
in der oberen Karl IV. mit seinem Sohn Wenzel.
Tafelmalerei eines unbekannten Hofmalers, vor 1371.
Národní galerie, Prag

44 *Glatzer Madonna, um 1350.*
Der Stifter, Erzbischof Ernst von Pardubitz, ließ sich
zum Zeichen seiner Demut mit den abgelegten
Insignien seines Amtes (Bischofsstab, Prozessionskreuz,
Mitra und Pontifikalhandschuhe) darstellen.
Gemäldegalerie Dahlem,
Stiftung Preußischer Kulturbesitz, Berlin (West)

45 Saiteninstrumente – böhmischer Flügel,
Psalterium, Laute (Quinterna, Harfenpsalterium
und dreisaitige Fiedel). Die Darstellung belegt die
Benutzung der Instrumente am Hofe Karls IV.
Detail aus der »Anbetung des apokalyptischen
Lammes durch die 24 Weisen«, Wandmalerei in einer
Fensternische der Heiligkreuzkapelle, um 1357,
vermutlich vom Meister des Emmauszyklus.
Karlstein

46 Sammlung der Manna.
Fresko vom unbekannten Meister des Emmauszyklus, um 1360, Bestandteil des umfangreichsten
(ursprünglich 85 Szenen) und künstlerisch
anspruchsvollsten Wandzyklus nördlich der Alpen.
Kreuzgang des Emmausklosters (Na Slovanech), Prag

bereits ziemlich erschöpft waren, konzentrierte er sich wenigstens auf den Erwerb von Reliquienfragmenten, die im Reichsschatz fehlten.

Schlüssel zum Verständnis der kultischen Idee des Karlsteins sind die Wandmalereien, die sogenannten Reliquienszenen, in der Kirche der Jungfrau Maria im kleinen Turm und die Ausschmückung der Heiligkreuzkapelle im großen Turm der Burg. In den Reliquienszenen wurde mit großer Anschaulichkeit die Genese des neuen, nur durch Karls Zutun erworbenen Heiltumsschatzes vorgeführt. In der ersten Szene übergibt ihm der Dauphin Karl als Geschenk des französischen Königs zwei Dornen aus der Christuskrone. Auf dem zweiten Bild empfängt Karl IV. aus königlicher Hand, vermutlich vom zypriotischen König Peter, als Geschenk einen Teil des Schwammes, mit dem die dürstenden Lippen Christi benetzt worden sein sollen. In der dritten Szene legt der Kaiser Reliquien in ein goldenes Kreuz. Aus schriftlichen Quellen ist überliefert, daß Karl IV. zwei ebenso prächtige Kreuze mit gleichem Reliquieninhalt anfertigen ließ. Eines dieser Kreuze, das heute noch erhaltene, übereignete er der St.-Veits-Kathedrale und vertraute es dem Schutz des Erzbischofs an. Das zweite Kreuz (heute nicht mehr auffindbar) widmete er dem Königreich Böhmen und beließ es zusammen mit dem Reichsreliquienkreuz auf dem Karlstein. Das Reichskreuz und das böhmische Kreuz, die sich bezüglich der Reliquien gegenseitig ergänzten, symbolisierten die »zwei Throne«, auf die sich Karls Macht stützte. Zusammen stellten sie eine mystische Garantie der Lebensfähigkeit des luxemburgischen Kaisertums dar und kündeten vom Ruhm seines Schöpfers. Beide Kreuze ließ Karl IV. zusammen mit den Reichskrönungskleinodien und zahlreichen weiteren Heiltümern im großen Turm des Karlsteins, in der Heiligkreuzkapelle, aufbewahren. Der an

Reliquienszenen

einen gewaltigen Reliquienschrein erinnernde Raum der Kapelle überwältigt durch seine byzantinisch-orientalische Pracht. Heilige unterschiedlichster Kategorien, herabschauend von den zahlreichen Tafelbildern an den Wänden, stellen den himmlischen Hofstaat dar, der im Scheine hunderter Wachskerzen Karls kostbaren Schatz bewacht. Pracht und Glanz des luxemburgischen Kaisertums fanden hier ihren vollkommensten Ausdruck.

Glorifizierung des Herrschers in der Prager Kathedrale

Die Apotheose auf dem Karlstein konnten jedoch nur die Angehörigen des Hofes und erlesene Gäste bewundern. Eine öffentlichere Schaustellung erfuhr sie in der Kathedrale zu St. Veit. In diesem heiligen Raum mußte die Glorifizierung des Herrschers und der Dynastie der einheimischen Tradition und Karls staatspolitisch-dynastischer Ideologie angepaßt werden.

Die Kathedrale diente am Anfang ganz dem Wenzelskult und der Verherrlichung Karls IV. als seinem bedeutendsten Förderer und Bewahrer. Den zentralen Platz in der Kathedrale nahmen deshalb das Grab des Heiligen und der darüberliegende Raum – die Kapelle des heiligen Wenzel – ein. Symbolischer Ausdruck der Idee der »zwei Throne« war Karls Verbindung des Wenzelskults mit dem Kult um den heiligen Karl den Großen. Deshalb fehlte auch in dieser Kapelle die Reminiszenz an den Aachener Schutzpatron nicht. Die neue Tumba des heiligen Wenzel, die der Herrscher mit großem finanziellen Aufwand im Jahre 1358 durch die Parlersche Hütte einrichten ließ und von der leider nur noch die Beschreibung erhalten ist, hatte die Gestalt des tumbenförmigen Reliquiars Karls des Großen »escrain de Charlemagne« im Kloster Saint-Denis bei Paris. Der reiche Schmuck ihrer Wände zeichnete bereits die Technik der Ausgestaltung des Karlsteiner und Tangermünder Interieurs vor. Die von Matthias von Arras in romanisie-

Mosaik mit dem Jüngsten Gericht
und dem in Anbetung versunkenen Herrscherpaar (1370-1371)
über der Goldenen Pforte (1367), deren bildhauerische Ausstattung nicht erhalten ist.
Südgiebelwand des St.-Veits-Dom, Prag

rendem Stil begonnene und von Peter Parler im Jahre 1366 vollendete Wenzelskapelle galt als selbständiger sakraler Raum für das Königreich Böhmen: Nur von hier aus führte eine Treppe in die Kammer, in welcher die Krönungskleinodien bis heute aufbewahrt werden. In ihrer unmittelbaren Nähe befand sich der Südeingang, jenes als sogenannte Goldene Pforte bezeichnete Festportal, durch das man vom Palast aus den Dom betrat. Die Kapelle war mit allem ausgestattet, worüber sonst nur die Kapellen des Karlstein verfügten. In der Anordnung des betenden Königs und seiner Gemahlin Elisabeth über dem Altar im Heiligtum des Landespatrons gipfelte die Verknüpfung der karolinischen Herrschaft mit dem Wenzelskult.

Die symbolische Ausgliederung der Kapelle gab den Anstoß zur nicht weniger symbolischen neuen Konzeption des Chors der Kathedrale: Das lichtdurchflutete »Glashaus« des hohen Chores mit dem emporstrebenden Gewölbe Peter Parlers sollte mit der ins Halbdunkel getauchten Wenzelskapelle kontrastieren. Als Anfang der siebziger Jahre die sterblichen Hüllen der im Dom bestatteten přemyslidischen Fürsten und Könige in die Chorkapellen umgebettet wurden, für die Parler und seine Hütte die berühmten Grabmale geschaffen hatten, reifte ein weiterer

Chor mit innerem Triforium.
Das im Jahre 1385 von Peter Parler vollendete, die übliche Gliederung in Kreuzfelder auflösende Netzgewölbe
war ein gewaltiger Schritt in der Entwicklung der gotischen Architektur.
St.-Veits-Dom, Prag

Gedanke: Nutzung des inneren Triforiums im oberen Teil des Polygons des Presbyteriums für die Parlersche Porträtgalerie. Über dem Erdgeschoß der přemyslidischen Vergangenheit erhob sich so die luxemburgische Gegenwart und Zukunft unter dem Schild der himmlischen Beschützer. Die Anordnung der einzelnen Büsten war nämlich so gewählt, daß diese in Beziehung standen zu den Statuen gegenüber im äußeren Triforium – Christus, die Jungfrau Maria und die Landespatrone darstellend. Die Büste Karls erhielt den ehrenvollsten Rang, denn durch ihre Plazierung entsprach sie der Christusskulptur. Die Idee zweier Triforiengalerien und ihres Aufbaus geht zweifelsohne auf den Kaiser zurück, die bildhauerische Konzeption ist Peter Parlers Werk. In Europa haben sie weder Vorgänger noch Nachfolger.

Die Sakralisierung des Herrschers und der Angehörigen der Dynastie war in der zeitgenössischen europäischen Kunst üblich, seltener die Einbeziehung der Angehörigen des Hofstaates, wie sie die schon beschriebene »Altanszene« in Mühlhausen darstellt. In der Triforiengalerie des St.-Veits-Doms fand diese Absicht die höchstmögliche ideelle und künstlerische Umsetzung. Die Tatsache, daß sich die böhmische Kirche finanziell am Bau beteiligte, bot die Möglichkeit, jene Höflinge mit Rang und Namen in den Akt der Sakralisierung einzubeziehen, die die Kirche auf verschiedene Weise nicht nur am Werk selbst, sondern auch im nächsten Umfeld des Kaisers repräsentierten. Dazu kamen die Baumeister des Domes. Ihr Bildnis an geeigneter Stelle in den von ihnen errichteten Bauwerken zu verewigen, gehörte zu einer alten Tradition, die Art und Weise in der Prager Kathedrale ist jedoch einmalig. Diese karolinische Huldigung der Majestät Kunst zielte bereits weit über den Horizont des Mittelalters hinaus.

IM ZEICHEN DER GELEHRSAMKEIT

as Hofleben erschöpfte sich
nicht nur in Regierungsgeschäften, Verwaltungstätigkeit und Repräsentation.
Auch das geistige und kulturelle Leben
entfaltete sich durch Lektüre, Meditation und Streitgespräche,
Förderung des Handwerks und der Künste sowie Sammelleidenschaft.

Dies alles potenzierten Gespräche im Freundeskreis und mit gleichgesinnten Gästen sowie die Korrespondenz mit ihnen. Der Hof bot auf Reisen nicht die hierfür geeigneten Bedingungen, dafür fanden sie sich im Überfluß in der Prager Residenz und vor allem auf dem Karlstein. Seine Lage inmitten von Wäldern, entfernt vom bewegten Treiben der Metropole, prädestinierte ihn als idealen Ort für Konzentration und literarische Arbeiten. Hierher zog sich nicht nur Karl IV. zu seiner Lieblingslektüre zurück, sondern häufig für mehrere Tage auch der Kanzler Johann von Neumarkt, um sich der Korrespondenz und der Übersetzertätigkeit zu widmen.

Wissensdrang war ein wesentlicher Charakterzug Karls IV. Auch seinen Söhnen legte er im dritten Kapitel seiner Autobiographie »die Liebe zum Studium« ans Herz. In seinen »Moralitäten« hielt er fest: »Falsch handelt, wer die Weisheit sucht, ohne zu lesen, und sich nicht nach Kräften bemüht, sie zu erlangen; und wer gedenkt, sie ohne Bildung zu erwerben, ist ein Unwissender.« Diese Überzeugung Karls prägte auch die geistige Atmosphäre am Hofe.

Der Prager Hof unterschied sich in der Tat wesentlich von anderen europäischen spätmittelalterlichen Herrscherhöfen. Die Abneigung des Herrschers gegenüber jeglichen Traditionen der Ritterbrüderschaften und Kumpanei der Angehörigen der »Artusrunde«, die nach einem sehr schweren Unfall beim Turnier bei ihm völlig die Oberhand gewann, kam auch darin zum Ausdruck, daß er keinen einzigen Ritterorden gründete, obzwar diese für das 14. Jahrhundert kennzeichnend waren. Zu einem solchen Abgehen von Sitten und Gewohnheiten der Kreise, die immer noch den Kern der zeitgenössischen Heere bildeten und in der Hofgesellschaft allgemein respektiert wurden, rang sich nicht einmal der ansonsten ähnlich gesinnte Hof Karls V. in Paris durch. Karl IV. war auch kein Mäzen von Dichtern und Komponisten vom Typ eines Guillaume de Machaut, dem sein Vater Johann Gastfreundschaft gewährt hatte, auch nicht von Dichtern und Chronisten vom Typ eines Jean Froissart, welcher sich am Brüsseler Hof von Karls Stiefbruder Wenzel von Luxemburg, eines begeisterten Förderers der französischen höfischen Dichtkunst, aufhielt.

Obwohl nichts zu der Schlußfolgerung berechtigt, am Prager Hof wäre die Liebeslyrik nicht gepflegt worden, kann jedoch festgestellt

Des grab im got sein war gericht
Das er im volle geben mag
Der tugende lon und brucke stat

Karl IV., von den zwölf Künsten umgeben.
Illustration zum Gedicht »Der maide kranz« vom Hofdichter Heinrich von Mügeln, 1407,
Pal. germ. 14, fol. 2ᵛ, Universitätsbibliothek, Heidelberg

werden, daß eher die in den Marienkult sublimierte Erotik bestimmend war und hier bedeutende Vertreter hatte. Es ist wohl kaum ein Zufall, daß Heinrich von Mügeln, der mehr Gelehrter, Polyhistor als echter Dichter war, bis zu seinem Weggang nach Wien im Jahre 1360 Karl als Hofdichter diente. Er wurde später mit Recht für einen Begründer des Meistergesangs gehalten. Das geistige Niveau des Prager Hofes erfaßte er in dem allegorischen Gedicht »Der maide kranz«, das er Karl kurz nach dessen Kaiserkrönung widmete. In dieser Enzyklopädie der freien Künste machte er den Kaiser zum »Arbiter« in deren Wettstreit um die Ehre, den »maide kranz«, d. h. die Krone der Jungfrau Maria, zu tragen und ließ ihn bezeichnenderweise zugunsten der Theologie entscheiden.

Wissensdrang war an Karls Hof kein Selbstzweck, sondern stand von Anfang an auch im Dienste des ideologisch-politischen Historismus

Karls IV., der ältere, in Vergessenheit geratene oder wenig akzentuierte Prinzipien belebte und Literarische Quellen erneuerte. Er stützte sich auf die Kenntnis des römischen Rechts, das Gesetzbuch Friedrichs II., auf die römischen Klassiker und Kirchenväter sowie neuere theologisch-politische Literatur. Aus diesen Quellen stammten auch die Argumente für die Idee der Unabhängigkeit des Kaisertums vom Papsttum, mit der Karl an Konstantin den Großen und die Kaiser der ottonischen Dynastie anknüpfte. Wenn Johann Očko von Wlaschim seinen Herrscher in der Grabrede einen »zweiten Konstantin« nannte, sprach er damit sicher nur die allgemein bekannte Überzeugung Karls und seines Kreises aus.

Die Gelehrsamkeit durchdrang auch die beiden wesentlichen geistigen Interessenkreise des Hofes: die Verinnerlichung des religiösen Lebens und den Schönheitskult. Sie hatten ihren gemeinsamen Ausgangspunkt in ebenfalls aus

Ausstattung eines zeitgenössischen Skriptoriums.
Detail aus einem Tafelbild des Papstes Gregor I. von Meister Theoderich.
Heiligkreuzkapelle, Karlstein

literarischen Quellen abgeleiteten theologisch-ästhetischen Ansichten. Insbesondere das Werk des heiligen Augustinus stellte die Grundlage des mittelalterlichen politischen und sozialen Denkens dar, es prägte aber auch das Schönheitsempfinden und die Kunstauffassung sowie die Einstellung zum Leben und zu seinen tiefgründigsten Fragen.

Auf Karl IV. und Ernst von Pardubitz hatte die Lehre des heiligen Augustinus bereits in der Jugend Eindruck gemacht, als beide mit dem neueingeführten Studium seines Lebens und Wirkens in den norditalienischen Konventen der Augustiner-Eremiten, insbesondere in Pavia, Bekanntschaft machten. Während der ersten Romfahrt entdeckte auch Johann von Neumarkt über die italienischen Humanisten seine Vorliebe für ihn. Das politische Denken des karolinischen Hofes wurde allerdings auch von Thomas von Aquin und – besonders die Frage des Verhältnis-

Einfluß des heiligen Augustinus

ses von Kaiser- und Papsttum – sogar von Dantes Werk beeinflußt. Seine Schrift »Monarchia«, die er Karls Großvater Heinrich VII. widmete und die die Kirche wegen Antipapalismus verboten und öffentlich verbrannt hatte, wird kaum Hoflektüre gewesen sein. Gedanken aus diesem Werk, übertragen in die philosophische Dichtung »Die göttliche Komödie«, haben aber mit Sicherheit am Prager Hof Wirkung gezeigt. Bei Karl IV. kann die Kenntnis dieser Schrift lediglich angenommen werden, als gesichert gilt sie jedoch bei Kanzler Johann von Neumarkt, der in seiner Bibliothek nicht nur über das Werk selbst, sondern auch über einige Kommentare hierzu verfügte. Von der Beliebtheit des Danteschen Werkes am Prager Hof zeugt die Aussage eines Petrarca-Schülers, daß Johann Očko von Wlaschim – obwohl des Italienischen nicht kundig – ganze Passagen aus der »Göttlichen Komödie« auswendig vorzutragen vermochte.

Die Beziehung zum Buch war in Karls allernächstem Kreis geradezu eine Passion. Über Ernst von Pardubitz erzählt sein Biograph, daß er nicht nur bis lange in die Nacht hinein zu lesen pflegte, sondern sich sogar in die Kutsche Lektüre mitnahm. Gespräche über Literatur, ihr Empfehlen und Aufspüren gehörten zu den täglichen Gewohnheiten der Gebildeten bei Hofe. Man suchte Handschriften, sei es im Original oder als Abschrift. Unter dem Einfluß des italienischen Humanismus wuchs das Interesse an Schriften römischer oder ins Lateinische übersetzter griechischer Autoren. Das klassische Latein war allerdings auch für einen gut geschulten mittelalterlichen Intellektuellen schwierig. Selbst Karl IV. gab französischen Übersetzungen den Vorzug, nach denen er auf seinen Reisen stets forschte. So kam er in den Besitz einer Übersetzung des römischen Historikers Livius. Autoren der Antike las im Original wohl nur Johann von Neumarkt. Bemerkenswertes Zeugnis hierüber legt das Schriftenverzeichnis seiner Bibliothek ab, das angefertigt wurde, als er diese dem Konvent der Augustiner-Eremiten beim heiligen Thomas auf der Kleinseite in seiner letztwilligen Verfügung zueignete. In der überwiegenden Mehrheit orientierte sich der Prager Hof auf die Lektüre der Werke der Kirchenväter und der mittelalterlichen lateinischen, insbesondere moralisierenden und kontemplativen Schriften. Längst in Vergessenheit geratene Handschriften dieser Richtung, aus den unterschiedlichsten Gegenden Europas stammend, wurden in Prag eifrig abgeschrieben und erst auf diesem Wege in breiterem Maße bekannt.

Der Bildungsdrang am Prager Hof fand allerdings nicht nur aus eigenen Quellen Nahrung. Er stützte sich ebenso auf Kontakte zu weiteren Zentren des Prager intellektuellen Lebens. An erster Stelle war dies die von Karl IV. im Jahre 1348 gegründete Universität mit vier Fakultäten. Wenn der Herrscher Prag zu einem »zweiten Rom« machen wollte, dann konnte er es nach diesem Gründungsakt ebensogut auch »zweites Paris« nennen. Im Gegensatz zu den auf dem Gebiete des Rechts und der Medizin berühmten italienischen Universitäten nahm Paris auf dem Kontinent eine Art Monopolstellung ein durch seine Universalität und insbesondere seine Theologie – und Theologie wurde auch in Prag gelehrt. Aus dem ausgedehnten Territorium der germanisch-slawischen Welt kamen Studenten, Bakkalaurei sowie Magister hierher. Karl IV. berief auch ihre ersten Professoren, überließ jedoch später die Sorge um die Universität ihrem Kanzler, dem Erzbischof Ernst. Erst in den sechziger Jahren ging der Kaiser einen weiteren Schritt in ihrer Entwicklung, indem er das reich dotierte, seinen Namen tragende Kolleg, das Collegium Carolinum, gründete und mit einer Bibliothek ausstattete, die zum Teil noch erhalten ist. Obwohl sich die Universitätsmagister nur selten eines Ratstitels rühmen konnten, damit also auch keinen Einfluß auf die politische Tätigkeit des Herrschers hatten, bestand eine enge geistige Bindung, besonders zu den Ordensprofessoren der Theologie, von denen einige zu Karls Beichtvätern zählten. Der Kaiser hörte gern Universitätsdisputationen zu. Der aus dem mittleren Rheinland stammende Chronist Tilman Elhen von Wolfhagen schrieb dazu mit einer gewissen Ironie und Übertreibung: »Der selbe Carolus was wise unde wol geleret, also daz he der meister zu Prage disputatien suchte und konnte sich wol darinne richten.«

Die Universität war jedoch nicht der einzige Ort der Gelehrsamkeit. Auch in Prag trat die nicht an der Alma mater erworbene und nichtscholastische Bildung immer mehr in den Vordergrund. Sie wurde besonders in beiden Augu-

Bibliophilie

Weitere Zentren der Gelehrsamkeit – Universität

Karl IV. übergibt dem heiligen Wenzel die Gründungsurkunde der Prager Universität.
Durch die byzantinische Kleidung ähnelte er seinem přemyslidischen Vorfahren.
Silberner Siegelstock der Karlsuniversität, kurz nach 1348.
Archiv Univerzity Karlovy, Prag

stinerklöstern gepflegt: im bereits genannten Konvent des heiligen Thomas und im Kloster der Augustiner-Chorherren an der Kirche, die Karl IV. in der Prager Neustadt zu Ehren des heiligen Karls des Großen gründete (Karlov). Zu den Augustinerkonventen unterhielten außer dem Herrscher auch Ernst von Pardubitz und Johann von Neumarkt lebhafte Beziehungen; Albrecht von Sternberg gehörte zu ihren Förderern. Ein weiteres Zentrum der Gelehrsamkeit war die Kartause vor dem Kleinseiter Tor in der Siedlung Smíchov, die ebenfalls über eine gut ausgestattete Bibliothek verfügte; sie pflegte regen Kontakt zur Prager italienischen Kolonie, die sich um die Apotheker scharte, und durch deren Vermittlung zu den italienischen Humanisten.

Klöster

Das Knüpfen persönlicher Kontakte gebildeter Höflinge zu italienischen Humanisten gehört zu den beeindruckenden Vorgängen in der euro-

Kontakte zu den italienischen Humanisten

päischen Kulturgeschichte. Es begann mit dem Aufenthalt Cola di Rienzos in Prag und Petrarcas Korrespondenz mit Karl IV. und seinen Höflingen. Einen neuen Impuls gab die persönliche Begegnung Karls und seiner engsten Räte mit dem Dichter im Herbst des Jahres 1354 in Mantua. Petrarca schildert in einem Brief an seinen Freund bis ins einzelne die Ungewöhnlichkeit seines achttägigen Besuches beim Kaiser, welcher nicht nur mit des Dichters Lebensgeschichte vollkommen vertraut war, sondern bis spät in die Nacht mit ihm spazierenging und frei und offen sprach. Diese völlig aus dem Hofprotokoll ausscherende Begegnung zwischen dem mittelalterlichen Monarchen und einem freigeistigen Dichter bedeutete einen nie dagewesenen Durchbruch in den konventionellen Beziehungen. Ein Jahr später, während seines Aufenthaltes in Prag, lernte der Humanist weitere Angehörige des

Francesco Petrarca in einer typischen Gelehrtenstube mit Schreibtisch, Drehpult und Bücherkiste.
Die Miniatur lehnt sich an ein Paduaer Fresko im Palast der Carrara an,
das zwischen 1380 und 1388 ausgeführt wurde.
Gemeinsame Vorlage dürfte ein Petrarca-Bild sein, das 1356 in Mailand entstand.
Aus: Francesco Petrarca, De viris illustribus. Padua, um 1400. (Italienische Übersetzung).
HS 101, fol. 1ᵛ, Hessische Landes- und Hochschulbibliothek, Darmstadt

Hofes kennen, insbesondere den Erzbischof Ernst von Pardubitz; noch engere Beziehungen entstanden zu Johann von Neumarkt.

Der Einfluß des italienischen Frühhumanismus auf Karl IV. und seine Ratgeber sollte weder über- noch unterschätzt werden. Cola di Rienzo imponierte als Vertreter der wiederbelebten klassischen Eloquenz. Der Herrscher huldigte ihr, indem er seine Korrespondenz mit Petrarca diesem Stil anpaßte. Johann von Neumarkt eignete sich das humanistische Latein und seine Rhetorik an und führte sie in die Praxis der Hofkanzlei ein. Nach Petrarcas Vorbild entwickelte er eine umfangreiche, zum Teil bis heute erhaltene, literarische Ziele verfolgende Korrespondenz. Handschriften antiker Autoren sammelte er nicht nur, sondern studierte sie auch, wie der Dichter bezeugte. Der Herrscher und seine Höflinge interessierten sich weniger für Petrarcas antike Studien und überhaupt nicht für dessen Poesie. Sie zollten ihm Anerkennung als hervorragendem Stilisten und insbesondere als großem Autor der christlichen Moralphilosophie, obwohl Karl mit manchen seiner Ansichten nicht übereinstimmte. Andererseits darf nicht übersehen werden, daß der Frühhumanismus nicht nur Lebensansicht, sondern auch Lebensstil veränderte, leidenschaftlich für dessen Verfeinerung und Veredlung warb. Auf dieser Ebene fand er am Prager Hof seine Anhänger, die ihm an allen ihren Wirkungsstätten den Boden bereiteten. Johann von Neumarkt selbst schuf, nachdem er im Jahre 1374 auf das Kanzleramt verzichtet hatte, in Olmütz ein in seiner Kultiviertheit den humanistischen Idealen entsprechendes Milieu.

Das Interesse an kontemplativer Literatur brachte Karls Hof in enge Beziehung zur Bewegung der »devotio moderna« (neue Frömmigkeit). Neben den niederländischen Zentren wurde Prag so zu einem weiteren Mittelpunkt dieser nordischen Spielart der europaweiten Bemühungen um Kirchenreform und Vergeistigung des religiösen Lebens. Simonie und Sittenverfall unter der Priesterschaft nährten die Zweifel an der Heilsmission der Kirche. Der die Pestepidemien begleitende Schnitter Tod ließ die Frage nach Erlösung oder Verdammung dringlicher denn je erscheinen und machte die Notwendigkeit einer tiefergehenden persönlichen Vorbereitung auf den Tod durch vorbildliches Leben und Meditation über religiöse Texte deutlich. Beliebt waren Werke des heiligen Bernhard von Clairvaux, des heiligen Anselm von Canterbury, des Hugo von Saint Victor und die Gedichtsammlungen der Klassiker des Marienkults, insbesondere des heiligen Bonaventura. Diese Schriften regten zum

Literarische Werke, Übersetzungen ins Deutsche und Tschechische

»Neue Frömmigkeit«

Aufzeichnen gewichtiger Gedanken und persönlicher Glaubensbekenntnisse an, über die dann weiter nachzusinnen war. Ein Beispiel solcher Kontemplationen sind die »Moralitäten« Karls IV. und das »Orationale« des Ernst von Pardubitz. Zeugnis von der Verehrung der Gottesmutter legen die Dichtungen Heinrichs von Mügeln sowie das von Ernst und offenbar auch von Karl IV. inspirierte Werk des Dichters der Prager Kartause, Konrad von Haimburg, »Laudes Mariae« (Marienlob) ab.

Meditationen und Selbstreflexionen inspirierten jedoch auch die schriftstellerische und übersetzerische Tätigkeit am Prager Hof. Von Karl selbst stammen die schon erwähnten künstlerischen Werke: die lateinische Wenzelslegende und die Autobiographie, eine in ihrer Art einmalige Schrift aus der Feder eines mittelalterlichen Herrschers. Johann von Neumarkt erwarb bereits bei seinem ersten Italienaufenthalt ein damals dem heiligen Augustinus zugeschriebenes Werk über Gespräche der Seele mit Gott, das er auf Karls Wunsch ins Deutsche übersetzte und ihm als »Buch der Liebkosung« widmete. Das übersetzerische Interesse des Kanzlers galt auch einem anderen Kirchenvater, dem heiligen Hieronymus. So brachte er einen außerhalb Italiens unbekannten kleinen Lobgesang mit, das Hieronimianum. Sein Verfasser war der ehemalige Lehrer des Ernst von Pardubitz, der berühmte Kanonist Johannes Andreae. Den heiligen Hieronymus, Autor der offiziellen Übersetzung der Heiligen Schrift ins Lateinische – der Vulgata –, betrachteten die Humanisten als Schutzpatron ihrer Übersetzungstätigkeit. Der Hieronymuskult hatte, jedoch aus einem anderen Grunde, in Prag bereits früher Verbreitung gefunden. Man glaubte, daß der gebürtige Dalmatiner Slawe und Autor der Bibelübersetzung in das Kirchenslawische gewesen war, welches damals als Ursprung

Miniatur des Johann von Troppau von 1368 aus dem Evangeliar Albrechts III. zur Legende über den heiligen Lukas.
Oben: Apotheke, Werkstatt eines Tafelmalers und Schreibstube mit Holzständer und drehbarem Pult.
Cod. 1182, fol. 91ᵛ, Österreichische Nationalbibliothek, Wien

Zum Einband des von ihm erworbenen Evangeliars aus dem 9. Jahrhundert
ließ Karl IV. Gegenstände aus seiner Sammlung verwenden:
neben Kristall und Halbedelsteinen auch die Hälfte eines spätrömischen
elfenbeinernen Konsulardiptychons. Prager Buchbinderwerkstatt, 2. Hälfte des 14. Jahrhunderts.
Cim. 2. Archiv pražského hradu – Kapitulní knihovna, Prag

der slawischen Sprachen betrachtet wurde. Auch Karl IV. war überzeugt, daß von ihr »die slawische Sprache unseres böhmischen Königreiches herstammt«. Diese Aussage machte er in der Gründungsurkunde des Emmausklosters im Jahre 1347, in dem der Papst auf Karls Wunsch die Liturgie in slawischer Sprache zum ehrenden Gedenken an die älteste Form des Christentums in Böhmen und Mähren gestattet hatte. Der Herr-

scher begrüßte deshalb die Entdeckung des Kanzlers. Das kleine Werk wurde bald auch ins Tschechische übersetzt und durch Johann von Neumarkt später auch ins Deutsche.

Die Übersetzungstätigkeit in die tschechische Sprache leitete Erzbischof Ernst. Er versammelte alle Personen um sich, die in den sechziger Jahren die erste Redaktion der gesamten tschechischen Bibelübersetzung übernahmen. Wenig jünger

Venezianische Kristallschale mit Deckel, um 1354,
mit einer Silbereinfassung versehen.
Nach dem Beispiel der byzantinischen Kaiser, die Heiligenreliquien in Kristallgefäßen aufbewahrten,
ließ Karl IV. einen Teil des vermeintlichen Schleiers der Jungfrau Maria hineinlegen.
Svatovítský poklad, Prag

ist die erste umfassende deutsche Bibelübersetzung datiert, die lange vor Luther in Böhmen erfolgte. Da die Kirche die Übersetzung der Heiligen Schrift in die nationalen Sprachen verboten hatte, konnte diese nur mit Zustimmung und unter der Obhut des Kaisers geschehen. Vorbereitung für die tschechische Übersetzung waren die lateinisch-tschechischen enzyklopädischen Verslexika des Magisters Klaret. Wer sich hinter diesem Namen verbarg, ist bisher noch nicht eindeutig geklärt. In der Regel wird auf den Arzt des Erzbischofs, Bartolomäus von Chlumec, geschlossen. Beiträge zu dem Wörterbuch lieferten die Angehörigen des Hofes; neben dem Erzbischof auch Johann Očko von Wlaschim, Karls Arzt Magister Gallus von Strahov und sogar der Kaiser selbst, welcher das Schlagwort der Kirchenfeiertage bearbeitete.

Schönheitskult Die Hochachtung vor der Kunst und die Verehrung der Schönheit überhaupt hatten an Karls Hof ihre zeitgebundenen, religiös-philosophischen Wurzeln. Grundlage war die Lehre des heiligen Augustinus, die davon ausging, daß sich der Erkenntnisprozeß über das Auge vollziehe: Erst durch Widerspiegelung in der menschlichen Seele nehmen Gegenstände und durch sie ausgedrückte Eigenschaften tatsächliche Gestalt an. Man glaubte, Schönheit in der Natur sowie in den Schöpfungen menschlicher Hände verbinde als höchstes Gut die irdische mit der überirdischen Welt, durch das Empfinden des Schönen nähere sich der Mensch »unsichtbar an der Hand geführt« Gott. Dies war der Grund, warum das Mittelalter in gleichem Maße nicht nur die Schöpfungen des Handwerks und der Kunst, sondern ebenso die Schönheit der Materie an

*Schmuckschatulle vom Typ »cofanetti« aus der Werkstatt der venezianischen Familie Embrachi.
Karl IV. erhielt sie während seines Venedigbesuchs im Jahre 1337 als Geschenk.
Die hölzernen Flächen bedecken Elfenbeinreliefs mit Liebesszenen. Trotzdem diente sie
ab 1367 als Schrein für die Reliquien des heiligen Sigmund auf seiner Tumba in der Kathedrale.
Svatovítský poklad, Prag*

sich, insbesondere der Edelmetalle, Edelsteine, Perlen und des Elfenbeins schätzte. Den mittelalterlichen Festtagskult des Schönen übertrugen die italienischen Humanisten in ein Bedürfnis des alltäglichen Lebens.

Diese Ansichten bildeten den geistigen Hintergrund für die Leidenschaft Karls IV., der zu den größten Sammlern des Mittelalters zählte. Vorbilder dafür fand er nicht nur in Paris, sondern auch in Prag. Der Sammeltätigkeit frönten ebenso die Höflinge, und Gespräche über Erfolge und Mißerfolge sowie Beschreibungen erworbener Gegenstände bilden häufig den Inhalt ihrer Korrespondenz. Die regen Kontakte zu Italien orientierten den Sammeleifer neben altertümlichen Handschriften auf antike Münzen, Medaillen und Gemmen. Die »Beute« der ersten Romreise war so groß, daß der Kanzler sich um

Sammlertum

»Kamele und Maultiere« nach Prag wandte, damit goldene Gegenstände, Edelsteine, Perlen und »andere, sehr edle Sachen« abtransportiert werden konnten. Karls Aufmerksamkeit richtete sich zwar auf das Sammeln von Reliquien aller Art, jedoch verband der Brauch, sie in prächtigen Reliquienschreinen aufzubewahren, auch diese Tätigkeit mit dem Schönheitskult. Keine geringere Bedeutung als den Heiltümern schrieb Karl IV. den Handschriften biblischer Texte zu. So erwarb er das Fragment des Markus-Evangeliums, damals irrtümlich für ein Autograph des Apostels gehalten. Die Handschrift ist jedoch mit einem anderen, diesmal authentischen Autograph, und zwar dem des Kaisers, versehen, mit dem er selbst Herkunft und Echtheit des Fragments bestätigt. Seine ausgesprochen kalligraphische, eine in Italien geschulte Hand verratende

Schrift läßt auch auf den Schönheitssinn des Kaisers schließen.

Sammlungen wurden zu »Schätzen« nach Art der Domschätze zusammengefaßt und in gesonderten Räumlichkeiten aufbewahrt – in den Schatzkammern. Wo sich diese im Prager Palast befand, ist unbekannt. Möglicherweise verwahrte Karl IV. seine Sammlungen zusammen mit dem Domschatz von St. Veit in dem Raum über der alten Sakristei. Von der Kostbarkeit des Schatzes vermittelt die Aufzählung der Kleinodien, die er im Jahre 1358 zur Ausschmückung der Tumba des heiligen Wenzel bestimmte, eine wenigstens annähernde Vorstellung: 935 Edelsteine, 448 Perlen und 37 Kameen. Die Inventarliste der dem Domschatz zu St. Veit vom Kaiser übereigneten Gegenstände verzeichnet im Jahre 1378 Hunderte antiker und byzantinischer Kameen sowie eine große Menge Edelsteine und Perlen. Aus den Sammlungen Karls IV. ist nur ein kleiner Torso erhalten, und das auch nur dank der Tatsache, daß wertvolle Stücke für Goldschmiedearbeiten und Kleinodien verwendet worden waren. Aus dem Schatz stammten die Edelsteine, Perlen und Kameen, die noch heute die Aachener Reichskrone schmücken, sowie die Edelsteine der Wenzelskrone. Einer der Saphire sowie auch der einzige Rubin in dieser Krone gehören zu den größten der Welt.

Andere Stücke überdauerten als Bestandteile von Reliquienschreinen, die dem St.-Veits-Domschatz oder dem Aachener Schatz gestiftet wurden.

Frei von Gelehrsamkeit waren am Prager Hof nicht einmal die Künste, insbesondere die Malerei, die hier den führenden Platz einnahm. Die didaktische Funktion verlangte vom Stifter und vom Maler ebenso wie vom Betrachter der Kunstwerke eine bestimmte literarische Bildung. Themen für die Hofmalerei fanden sich in den Schriften des Herrschers selbst und ebenso in den zahlreichen Urkunden, konzipiert durch Johann von Neumarkt, der offenbar Karls hauptsächlicher Berater in allen Kunstfragen war. An der Übertragung literarischer Sujets in die allegorisch-symbolische Sprache der Kunst nahmen jedoch auch andere gebildete Höflinge Anteil. Sie gaben den Malern Hinweise zur ikonographischen Verschlüsselung der Themen; manche Symbole waren bereits damals nur einem engen Kreis von Eingeweihten verständlich. Konkrete Anregungen erhielt die »gelehrte Malerei« des Prager Hofes nicht nur durch wissenschaftliche Werke wie Traktate zur Farben-, Edelstein- bzw. Pflanzen- und Tiersymbolik, die auch anderswo gebräuchlich waren, sondern auch durch Dichtungen, insbesondere geistliche Lyrik. Gerade die Verflechtung der Stilmittel von Literatur und Malerei gilt als spezifisches Merkmal der karolinischen Hofkultur.

Diese subtile Beziehung zu Literatur und Kunst entging offensichtlich auch Petrarca nicht. Die in einem Brief an Ernst von Pardubitz gegebene Charakteristik des Klimas am Prager Hof ist deshalb nicht für leere Schmeichelei zu halten, die ihm ansonsten nicht fremd war. Der Dichter greift hier auf seinen Prager Aufenthalt im Jahre 1356 zurück: »Ich erinnere mich, wie du mir wieder und wieder jene Worte wiederholtest: ›Ich fühle mit dir, mein Freund, der du unter die Barbaren gekommen bist.‹ Ich jedoch bekenne, daß ich nichts weniger Barbarisches, nichts Edleres als den Kaiser und einige der höchsten Männer um ihn gesehen habe, deren Namen ich nun bewußt nicht anführe: höchste Männer, meine ich, bedeutende, und eines größeren Gedankens würdig; und was das betrifft, edel und sanftmütig, als wären sie im attischen Athen geboren.«

AUSSTRAHLUNG

Der Prager Hof sowie sein Herrscher wirkten zweifellos in vielfältigster Weise auf die Zeitgenossen. Politische und kulturelle Beziehungen wie auch verwandtschaftliche Bande sorgten für weitreichende Einflüsse. Fruchtbaren Boden fanden sie insbesondere an den Höfen der mährischen Luxemburger, der Troppauer Přemysliden, der schlesischen Piastenfürsten und auch der Reichsfürsten; von den Königshöfen seien nur der polnische und ungarische genannt. Es ist jedoch sehr schwierig, diese Übernahmen konkret zu belegen, da es sich vielfach um eine durch analoge gesellschaftspolitische Bedingungen hervorgerufene Parallelität der Erscheinungen handelt.

Das Beispiel, das die Hofkanzlei und ihr humanistisches Latein für die Ausfertigung von Schriftstücken aller Art in ganz Europa, auch in den Städten und kirchlichen Institutionen gab, ist nachweisbar. Das Deutsch der zahlreichen Urkunden trug wiederum zur Formung der neuhochdeutschen Schriftsprache bei, wenn auch nicht in dem früher angenommenen Maße.

Die persönlichen Kontakte und der Briefwechsel Karls IV. und seiner führenden Höflinge mit den italienischen Humanisten leiteten in den Ländern nördlich der Alpen die Verbreitung eines neuen Lebensstiles mit ausgeprägten ästhetischen und bibliophilen Interessen ein. Nicht nur der »Prager« Humanismus, sondern auch die Sympathie zur Reformbewegung und zur »neuen Frömmigkeit« waren es, die breiten Widerhall fanden. Ihre Träger wurden vor allem die zahlreichen Studenten der Universität, die zu Tausenden aus allen Gegenden des Reiches, aber auch aus Skandinavien, Polen und Ungarn nach Prag strömten, um nach Rückkehr in ihre Länder die neuen Gedanken zu propagieren.

Zum Nacheifern regte auch das von Karl IV. und seinen Ratgebern unterstützte Übersetzen in die Nationalsprachen an. Die tschechische und deutsche Bibelübersetzung wurden nach der französischen und italienischen zu bahnbrechenden Leistungen von unschätzbarer Bedeutung.

Imponierend war der Umfang der stifterischen Tätigkeit des Hofes, die nicht nur zu geistig-politischem und lobpreisendem Zwecke geschah, sondern auch auf anspruchsvolles künstlerisches Erlebnis zielte. Dieses wahrhaft kulturelle Mäzenatentum fand rasch Nacheiferung in deutschen und böhmischen Adelskreisen und in der bürgerlichen Gesellschaft.

*Büste einer jungen Frau im Kölner Dom mit dem Parlerschen Zeichen auf dem Sockel,
dem zweimal gebrochenen Winkelhaken. Vermutlich handelt es sich um ein Kryptoporträt
einer Angehörigen der Familie Parler, offenbar ein Werk Heinrich Parlers, um 1390.
Bemalter Kalkstein. Jetzt: Schnütgen-Museum, Köln*

Verbreitung erfuhren Formen der karolinischen Hofkunst durch die Mitglieder der Prager Künstlerwerkstätten. Bedeutendstes Beispiel ist die Familie Parler: Ein Sohn Peter Parlers, Wenzel, wirkte als Dombaumeister in Wien, und auch die Viscontis bekundeten großes Interesse an ihm im Zusammenhang mit dem Bau der Mailänder Kathedrale; der Neffe Heinrich, späterer Hofbaumeister des mährischen Markgrafen Jobst, wirkte an der bildhauerischen Ausgestaltung des Doms in Köln am Rhein mit. Andere Mitglieder der Hütte sind bei Bauvorhaben sowohl in Nürnberg als auch in Ungarn anzutreffen. Den guten Ruf der karolinischen Hofkunst verkündeten jedoch auch Künstler, die Prag auf ihren Wanderschaften anlockte. In der Werkstatt bzw. dem Kreis des Meisters Theoderich arbeitete eine Zeitlang der berühmte Meister Bertram, welcher offenbar aus Minden stammte und sich in den folgenden Jahren in Hamburg niederließ, aber auch der später im mittleren Rheinland tätige Meister des Schottener Altars. Durch die Parlersche Schule ging der Saalfelder Meister, Schöpfer des Tympanons des Jüngsten Gerichts.

Durch Stilanalyse ist der Einfluß der Prager Tafel- bzw. Wandmalerei bis in weit entlegene, nördliche Gebiete, von der Ostsee bis zu den Grenzen des franko-flämischen Raumes, nachweisbar. Die karolinische Hofkunst schrieb sich dauerhaft in die Kulturgeschichte ein, indem sie zur wesentlichen Komponente des sogenannten Schönen Stiles wurde, des internationalen Ausdrucks der Gotik ausgangs des 14. und anfangs des 15. Jahrhunderts.

Nicht nur die geistige Atmosphäre des Hofes wirkte inspirierend. Beispielgebend war auch das Modell der Prager Residenz selbst. Karl IV. ist es in einmaliger Weise gelungen, alle höchsten Attribute königlicher Macht innerhalb der Mauern einer Stadt zu vereinen; dessen konnten sich weder Paris noch London rühmen. In Prag war der Palast direkt mit der Metropolitan-, Krönungs- und Bestattungskathedrale verbunden; die vom Herrscher gegründete Universität stellte ein weiteres unabdingbares Zeichen der Residenzstadt dar. Diese an das neapolitanische Beispiel Kaiser Friedrichs II. anknüpfende Leistung Karls IV. fand sehr rasch Nachahmungen in Krakau, Wien und später in Heidelberg.

Am sichtbarsten wirkte das Vorbild auf den österreichischen Hof in Wien ein. Mehr als enge Verwandtschaft – Rudolf IV. war mit Karls Tochter Katharina vermählt und hatte mit ihm einen Erbfolgevertrag geschlossen – wog der Ehrgeiz der Habsburger und ihre Rivalität mit den Luxemburgern. Dieses Geschlecht, das bereits dreimal den Reichsthron innehatte, es jedoch bisher nicht zur Königswürde und auch nicht zur Mitgliedschaft im Kurfürstenkollegium gebracht hatte, fühlte sich daher ähnlicher Chancen beraubt, wie sie den Luxemburgern geboten wurden. Auch die Habsburger waren auf ihre Art eine neue Dynastie, dauerte doch ihre Herrschaft in Österreich noch nicht einmal ein Jahrhundert. Im Geiste der Ideologie des Prager Hofes strebten sie nach engster Anknüpfung an die Tradition der Dynastie ihrer berühmten Vorfahren, der Babenberger, und an die aus altrömischer Zeit stammenden Anfänge des Landes. Der Einfluß der Marignolaschen luxemburgischen Genealogie und der mythischen Auffassung der böhmischen Geschichte fand seinen Niederschlag in der in deutscher Sprache verfaßten »Österreichischen Landeschronik« des Augustiners Leopold Stainreiter, des Hofkanzlers Albrechts III.

Die geistigen Strömungen des karolinischen Hofes fielen in Wien auf günstigen Nährboden, besonders im dortigen Augustinerkloster, aber auch im Umfeld Rudolfs, wo Übersetzungen der Klassiker sowie biblischer Texte entstanden. Hierbei zeichnete sich auch der ehemalige Hofpoet Karls IV., Heinrich von Mügeln, aus. Rudolfs »imitatio« gipfelte in der Gründung der Wiener Universität im Jahre 1365 und in der beredten ikonographischen Konzeption des St.-Stephans-Domes. Mit allegorisch-symbolischen Mitteln der karolinischen Kunst wurde hier ein weitreichendes Programm zum Ausdruck gebracht, das der Herzog infolge der Kürze seines Lebens († 1365) kaum anzudeuten vermochte – die Königswürde für sein Territorium. Die reiche bildhauerische Ausstattung des Domes mit der Skulpturengalerie der Vorfahren Rudolfs sowie der Eltern Katharinas, Karl IV. und Blanche von Valois – eine großartige Lobpreisung des Herrschers und seiner Dynastie –, hatte das gleiche Ziel wie die Parlersche Galerie in der St.-Veits-Kathedrale.

Der Prager Hof in der von Karl IV. geprägten Gestalt blieb noch mehrere Jahre in der Regierungszeit Wenzels IV. (1378–1419) erhalten. Viele Hofbeamte und Räte fungierten weiter, die wichtigsten Projekte der Parlerhütte gelangten erst jetzt zu ihrem Abschluß: Beendigung des Chores der Kathedrale, des Altstädter Brückenturms und einiger Kirchen in der Neustadt. Die Arbeiten in den zahlreichen Malerwerkstätten

Rudolf IV. von Österreich mit seiner Gemahlin Katharina von Böhmen und Schildknappen.
Der Erzherzogshut mit Zackenkrone entspricht seiner Herzogswürde nicht,
bringt jedoch seinen großen Ehrgeiz zum Ausdruck.
Singertor, St.-Stephans-Dom, Wien

auf dem Hradschin nahmen ihren Fortgang, und die Skriptorien, vom Herrscher selbst gefördert, steigerten sogar ihre Tätigkeit. Die prächtigen illuminierten Wenzelshandschriften verbildlichen in vielen Szenen die Art und Weise des Hoflebens der späten karolinischen Zeit. Doch allmählich setzten sich neue Lebensformen und andere Stilempfindungen durch, die den »Herbst des Mittelalters« kennzeichneten. Wenzels Absetzung vom Reichsthron (1400) und die Krise seiner Regierung in Böhmen haben dann den entscheidenden Kontinuitätsbruch verursacht.

Karls Hof wirkte dessenungeachtet weiterhin als eine Herausforderung für alle nachfolgenden

Herrscher, die die Prager Residenz mit neuem Glanz zu versehen suchten. Zum Vorbild nahmen sie ihn sich bei ihren Bauunternehmungen, die das Burgareal den Repräsentationsbedürfnissen der Renaissance- und Barockzeit anpassen sollten. Als Kaiser Rudolf II. (1576–1611), großer Sammler und Mäzen, die Burg und ihre Umgebung in ein Paradies der Künstler, Alchimisten und Astronomen umwandelte, wurde Prag wieder für einige Jahrzehnte zur prunkvollen kaiserlichen Residenz, die die längst vergangenen Zeiten des karolinischen Hofes noch einmal ins Gedächtnis rief.

Karl IV. selbst, dieser populärste Herrscher Böhmens, ist – wie er es beabsichtigt hatte – bis heute in seiner Stadt gegenwärtig: in den hinterlassenen Bauwerken sowie in den zahlreichen mit seinem Namen bezeichneten Denkmälern und Orten bis hin zu der kleinen entlegenen Gaststätte »Bei Karl IV.«. Er lebt ständig auch in manchen alten Sagen: Nach einer davon ließ er die Kleinstadtmauer auf dem Laurenziberg nur bauen, um den damals von der Hungersnot heimgesuchten Prager Armen einen Broterwerb zu schaffen. Noch heute heißt sie demzufolge »die Hungermauer«. Im Gegensatz zu seinem schon erwähnten kontroversen Bild in der Geschichtsschreibung erscheint Karl IV. in den Sagen ganz eindeutig als gerechter Herrscher, der die Willkür der Adeligen hart zu strafen und die Untertanen in Schutz zu nehmen wußte. In dieser sympathischen Idealisierung, die dem Wesen Karls nicht widerspricht, lebt er im Bewußtsein des Volkes als »Vater des Vaterlandes« weiter.

STAMMBAUM KARLS IV.

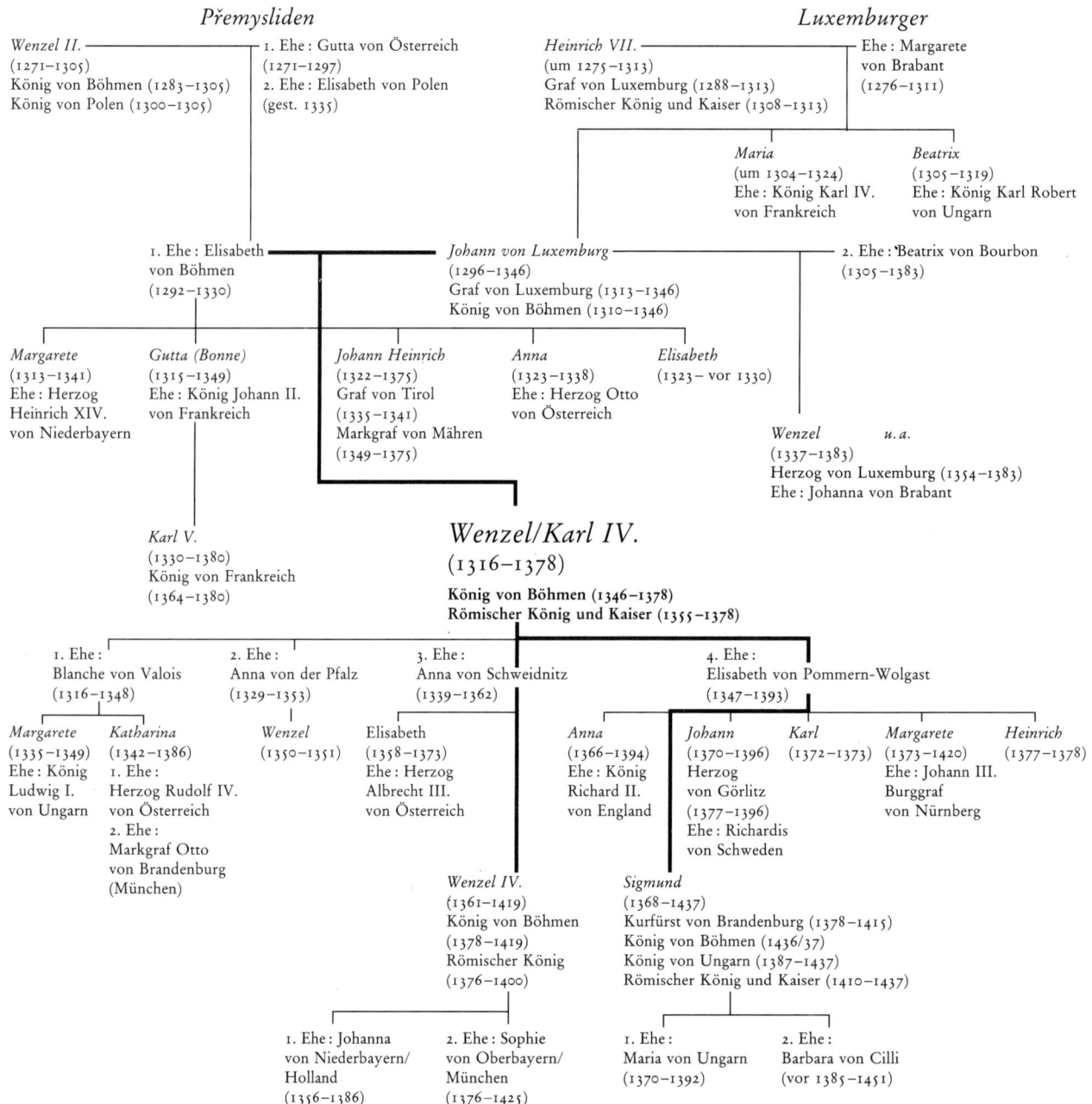

Přemysliden

Wenzel II.
(1271–1305)
König von Böhmen (1283–1305)
König von Polen (1300–1305)

1. Ehe: Gutta von Österreich
(1271–1297)
2. Ehe: Elisabeth von Polen
(gest. 1335)

Luxemburger

Heinrich VII.
(um 1275–1313)
Graf von Luxemburg (1288–1313)
Römischer König und Kaiser (1308–1313)

Ehe: Margarete
von Brabant
(1276–1311)

Maria
(um 1304–1324)
Ehe: König Karl IV.
von Frankreich

Beatrix
(1305–1319)
Ehe: König Karl Robert
von Ungarn

1. Ehe: Elisabeth
von Böhmen
(1292–1330)

Johann von Luxemburg
(1296–1346)
Graf von Luxemburg (1313–1346)
König von Böhmen (1310–1346)

2. Ehe: Beatrix von Bourbon
(1305–1383)

Margarete
(1313–1341)
Ehe: Herzog
Heinrich XIV.
von Niederbayern

Gutta (Bonne)
(1315–1349)
Ehe: König Johann II.
von Frankreich

Johann Heinrich
(1322–1375)
Graf von Tirol
(1335–1341)
Markgraf von Mähren
(1349–1375)

Anna
(1323–1338)
Ehe: Herzog Otto
von Österreich

Elisabeth
(1323– vor 1330)

Wenzel   u. a.
(1337–1383)
Herzog von Luxemburg (1354–1383)
Ehe: Johanna von Brabant

Karl V.
(1330–1380)
König von Frankreich
(1364–1380)

Wenzel/Karl IV.
(1316–1378)

König von Böhmen (1346–1378)
Römischer König und Kaiser (1355–1378)

1. Ehe:
Blanche von Valois
(1316–1348)

2. Ehe:
Anna von der Pfalz
(1329–1353)

3. Ehe:
Anna von Schweidnitz
(1339–1362)

4. Ehe:
Elisabeth von Pommern-Wolgast
(1347–1393)

Margarete
(1335–1349)
Ehe: König
Ludwig I.
von Ungarn

Katharina
(1342–1386)
1. Ehe:
Herzog Rudolf IV.
von Österreich
2. Ehe:
Markgraf Otto
von Brandenburg
(München)

Wenzel
(1350–1351)

Elisabeth
(1358–1373)
Ehe: Herzog
Albrecht III.
von Österreich

Anna
(1366–1394)
Ehe: König
Richard II.
von England

Johann
(1370–1396)
Herzog
von Görlitz
(1377–1396)
Ehe: Richardis
von Schweden

Karl
(1372–1373)

Margarete
(1373–1420)
Ehe: Johann III.
Burggraf
von Nürnberg

Heinrich
(1377–1378)

Wenzel IV.
(1361–1419)
König von Böhmen
(1378–1419)
Römischer König
(1376–1400)

Sigmund
(1368–1437)
Kurfürst von Brandenburg (1378–1415)
König von Böhmen (1436/37)
König von Ungarn (1387–1437)
Römischer König und Kaiser (1410–1437)

1. Ehe: Johanna
von Niederbayern/
Holland
(1356–1386)

2. Ehe: Sophie
von Oberbayern/
München
(1376–1425)

1. Ehe:
Maria von Ungarn
(1370–1392)

2. Ehe:
Barbara von Cilli
(vor 1385–1451)

Zeitgenossen und Ereignisse	Hofchronik	Kunst- und Kulturgeschichte
1314–1347 Ludwig der Bayer, römisch-deutscher König und Kaiser	1316 Geburt von Wenzel (später Karl IV.) als Sohn König Johanns von Luxemburg und Elisabeths von Böhmen	
1327–1377 Eduard III. von England	ab 1324 Erziehung am französischen Hof	
1328–1356 Philipp VI. von Frankreich aus dem Hause Valois	1331 Statthalter des Vaters in Italien	
	1333 Karls Rückkehr nach Böhmen	
1334–1370 Kasimir III., der Große, König von Polen	1334 Karl wird Markgraf von Mähren; Ankunft Blanches von Valois in Prag; zweite Heirat König Johanns mit Beatrice von Bourbon	1334 Erneuerung des Prager Königspalastes
	1335 Geburt der Tochter Margarete	
	1337 Geburt von Karls Stiefbruder Wenzel (von Luxemburg)	1339 Gründung des Allerheiligen-Kapitels auf der Prager Burg
1340 Beginn des Hundertjährigen Krieges	1341 Karl wird vom böhmischen Landtag als Thronfolger bestätigt	1341 Entscheidung über den Neubau des St.-Veits-Doms in Prag
1342–1352 Pontifikat Clemens VI.	1342 Geburt der Tochter Katharina	
1342–1382 Ludwig I., der Große, König von Ungarn	1343 Tod des Prager Bischofs Johann IV. von Draschitz; Ernst von Pardubitz wird Prager Bischof	
	1344 Verhandlungen in Avignon über die Unterstützung der Kandidatur Karls im Reich; Erhebung des Prager Bistums zum Erzbistum	1344 Grundsteinlegung zur Kathedrale; Ankunft Matthias' von Arras in Prag
	1345 Vermählung der Tochter Margarete mit Ludwig von Ungarn	
	1346 Wahl Karls zum römisch-deutschen König (in Rhense); König Johann in der Schlacht bei Crécy gefallen; Krönung Karls in Bonn	
1347 Tod Ludwigs des Bayern	1347 Krönung Karls in Prag; Weihnachts-Hoftag in Basel	1347 Gründung des slawischen Emmausklosters und des Karmeliterklosters der Jungfrau Maria-Schnee
1348 Pestepidemie	1348 Frühlings-Hoftag in Prag; Tod der Königin Blanche von Valois	1348 Gründung der Prager Neustadt; Gründung der Prager Universität; Grundsteinlegung zum Karlstein

Zeitgenossen und Ereignisse	Hofchronik	Kunst- und Kulturgeschichte
	1349 Vermählung mit Anna von der Pfalz in Bacharach; Krönung in Aachen; Weihnachts-Hoftag in Prag; Bruder Johann Heinrich wird Markgraf von Mähren	1348–1350 Befestigung der Neustadt und des Wyschehrad
1350–1364 Johann II. von Frankreich	1350 Festlicher Empfang und Schaustellung der Reichsinsignien und -reliquien in Prag; schwere Krankheit Karls	1350 Velislav-Bibel; Cola di Rienzo in Prag; Gründung des Augustinerklosters mit der Karlshofer Kirche (zu Ehren des heiligen Karls des Großen) in Prag
	1351 Johann Očko von Wlaschim zum Olmützer Bischof erhoben	1351 Beginn der Korrespondenz Karls mit Petrarca
1352–1362 Pontifikat Innozenz' VI.	1352 Aufstand eines Teils des böhmischen Adels unter Führung der Rosenberger; Vermählung Wenzels von Luxemburg mit Johanna, der Erbin von Brabant	1352 Tod des Matthias von Arras; Beginn der Korrespondenz Johanns von Neumarkt mit Petrarca
	1353 Tod der Königin Anna von der Pfalz; Vermählung der Tochter Katharina mit Rudolf von Österreich in Prag; Vermählung Karls mit Anna von Schweidnitz in Ofen; Dietrich von Portitz zum Bischof von Minden erhoben; Johann von Neumarkt zum Kanzler und Bischof von Leitomischl ernannt; Weihnachts-Hoftag in Mainz	1353 Vollendung des Bilderzyklus des Hohenfurter Meisters
	1354 Luxemburg zum Herzogtum erhoben; im Herbst Beginn des ersten Romzuges; großer Hof in Mantua	1354 Begegnung Karls mit Petrarca
	1355 Krönung mit der langobardischen Krone in Mailand; Kaiserkrönung in Rom; der Hof gerät in einen bewaffneten Aufstand in Pisa; triumphale Rückkehr nach Prag; Ablehnung des Gesetzbuches »Maiestas Carolina« durch den böhmischen Adel auf dem Landtag in Prag; Reichstag in Nürnberg – Annahme der Mehrheit der Festlegungen der »Goldenen Bulle«; Oberpfalz (Neuböhmen) wird der Krone Böhmens angeschlossen	1355 Vollendung des Karlstein (bis auf Ausschmückung der Kapellen) Frauenkirche in Nürnberg wird Kaiserkapelle

Zeitgenossen und Ereignisse	Hofchronik	Kunst- und Kulturgeschichte
1356 Johann II. von Frankreich gerät in englische Gefangenschaft	1356 Neuer Aufstand der Rosenberger; Frühjahrs-Hoftag in Prag; Besuch Kasimirs des Großen in Prag; Reichstag in Metz – Schlußbestimmungen der »Goldenen Bulle« angenommen; Dauphin Karl in Metz (schenkt Karl IV. zwei Dornen aus der Christuskrone)	1356 Berufung Peter Parlers aus Gmünd nach Prag; Petrarca in Prag; Beginn der Arbeiten an den Bildergalerien; Gründung des St.-Katharinen-Klosters in der Neustadt
	1357 Frühjahrs-Hoftag in Prag; Hof besucht Wallfahrtsorte im Reich (Marburg, Aachen)	1357 Maler Nikolaus Wurmser in Böhmen; Beginn der Innenausgestaltung der Kapellen auf dem Karlstein; Beginn des Baus der Steinbrücke in Prag
	1358 Geburt der Tochter Elisabeth; Erkrankung Karls	1358 Parlers Tumba des heiligen Wenzel
	1359 Reichstag in Mainz	
	1360–1361 Hof auf Reisen im Reich	1360 »Liber viaticus« Johanns von Neumarkt
	1361 Geburt des Sohnes Wenzel in Nürnberg; Hoftag in Nürnberg; Dietrich von Portitz wird Erzbischof von Magdeburg	1360–1362 Befestigung der Prager Städte am linken Moldauufer
		1361 Vollendung der Burg Lauf bei Nürnberg
1362–1370 Pontifikat Urbans V.	1362 Tod der Kaiserin Anna	1362 Parler vollendet die Sakristei und die Kapelle des heiligen Sigmund in der Kathedrale; Konrad Waldhauser nach Prag berufen
	1362–1363 Aufenthalt des Hofes im Reich	
	1363 Vermählung mit Elisabeth von Pommern-Wolgast in Krakau; Erbvertrag über Brandenburg; Krönung Wenzels zum böhmischen König; Weihnachts-Hoftag in Prag	1363 Militsch von Kremsier beginnt seine Tätigkeit als Reformator
1364–1380 Karl V., der Weise, von Frankreich	1364 Hoftag in Brünn, Erbverträge mit den Habsburgern; Tod des Ernst von Pardubitz; Johann Očko von Wlaschim wird Erzbischof von Prag; Besuch des Königs Peter von Zypern in Prag	

Zeitgenossen und Ereignisse	Hofchronik	Kunst- und Kulturgeschichte
	1365 Besuch Karls in Avignon; Karls Krönung in Arles zum König von Arelat; Geburt der Tochter Anna (der späteren Gattin Richards II. von England); feierliche Rückkehr nach Prag; Weihnachts-Hoftag in Prag	1365 Vollendung der Ausgestaltung des Karlstein durch Meister Theoderich
	1366 Prager Hochzeiten der Karlstöchter: der verwitweten Katharina mit Otto von Brandenburg und Elisabeths mit Albrecht III. von Österreich	1366 Gründung des Collegium Carolinum in Prag; Vollendung der Wenzelskapelle
1367 Rückkehr Urbans V. nach Rom	1367 Tod Dietrichs von Portitz	1367 Weihung der Wenzelskapelle in der Kathedrale und der Heiligkreuzkapelle auf dem Karlstein
	1368 Geburt des Sohnes Sigmund; Beginn des zweiten Romzuges; Hof in Udine, Mantua, Modena und Siena; Krönung Elisabeths von Pommern in Rom	1368 Vollendung der Goldenen Pforte des Domes; Begegnung Karls IV. mit Petrarca in Udine
	1368–1369 Hof in Siena	
1369 Pestepidemie	1369 Aufstand in Siena; Hof in Lucca; Rückkehr der Kaiserin nach Prag	
	1369/70 Hof zu Weihnachten in Zittau	
1370 Tod Kasimirs des Großen; Urban V. wieder in Avignon	1370 Erwerb der Unterlausitz für die Krone Böhmens; Sommer-Hoftag in Prag; Geburt des Sohnes Johann (von Görlitz)	1370 Vollendung des Arkadengeschosses im Chor der Kathedrale; Vergoldung der Turmdächer der Prager Burg; Votivbild Johann Očkos von Wlaschim;
1370–1378 Pontifikat Gregors XI.	1370 Hoftag in Nürnberg; Vermählung Wenzels IV. mit Johanna von Bayern in Nürnberg; Karls Kur in den Heilquellen von Karlsbad	Mosaik des »Jüngsten Gerichts« über der Goldenen Pforte der Kathedrale
1370–1382 Ludwig von Ungarn, König von Polen	1370/71 Weihnachts-Hoftag in Breslau	
	1371 Beginn des Krieges um Brandenburg; Vereinbarung eines zweijährigen Waffenstillstandes; schwere Erkrankung des Kaisers	
	1372 Verhandlung über Sigmunds Vermählung mit Maria, der Tochter Ludwigs von Ungarn; großer Oster-Hoftag in Prag; Aufbruch Karls nach Luxemburg	1372 Weihung der Kirche »Zu Emmaus« in der Prager Neustadt

Zeitgenossen und Ereignisse	Hofchronik	Kunst- und Kulturgeschichte
	1372/73 Hof zu Weihnachten in Mühlberg an der Elbe	
	1373 Eroberung Brandenburgs; Tod von Karls Tochter Elisabeth; Geburt der Tochter Margarethe, der späteren Gattin Johanns III. von Hohenzollern; Hoftag in Prag – Belehnung der Kaisersöhne mit Brandenburg	1373 Beginn der Arbeiten an der Büstengalerie im Triforium der Kathedrale
	1373/74 Weihnachts-Hoftag in Prag	
	1374 Verzicht des Kanzlers Johann von Neumarkt auf sein Amt; Sommer-Hoftag in Tangermünde – Erbeinigung Brandenburgs mit der Krone Böhmens	1374 Vollendung der neuen Residenz in Tangermünde
	1374/75 Hof zu Weihnachten in Eger	
	1375 Reise Karls nach Brandenburg und Lübeck; Tod des Markgrafen Johann Heinrich	
	1376 Wahl Wenzels IV. zum römisch-deutschen König in Frankfurt am Main; Krönung Wenzels IV. in Aachen	
	1376/77 Weihnachts-Hoftag in Prag	
1377–1399 Richard II. von England	1377 Langfristiger Aufenthalt des Hofes in Tangermünde; Aufbruch Karls IV. und Wenzels IV. nach Frankreich; Weihnachten in Cambrai	1377 Weihung der Burgkapelle in Tangermünde und Gründung des Kapitels; Beginn der Ausschmückung des Altstädter Brückenturms
1377 Übersiedlung Gregors XI. nach Rom		
	1378 Verhandlungen mit Karl V. in Paris; Johann Očko von Wlaschim wird Kardinal; Johann von Jenstein wird Erzbischof von Prag; Tod Karls IV. – Bestattung	

Grenze des Römisch-deutschen Reiches
unter Karl IV.

Länder der Krone Böhmens
unter Karl IV. (1378)

Lehen außerhalb der Länder der
Böhmischen Krone

0   50   100   150   200 km

Grundlegende Werke zur Zeit und Regierung Karls IV.

Duby, Georges: Europa im Mittelalter. – Stuttgart, 1986

Evens, Joan: Blüte des Mittelalters. – München; Zürich, 1966

Frey, Beat: Pater Bohemiae, vitricus imperii. Böhmens Vater, Stiefvater des Reichs. Kaiser Karl IV. in der Geschichtsschreibung. – Bern; Frankfurt a. M., 1978

Karl IV.: Politik und Ideologie im 14. Jahrhundert/hrsg. von Evamaria Engel. – Weimar, 1982

Karolus Quartus/hrsg. von Václav Vaněček. – Praha, 1984

Lorenc, Vilém: Das Prag Karls IV.: Die Prager Neustadt. – Stuttgart, 1982

Losher, Gerhard: Königtum und Kirche zur Zeit Karls IV. – München, 1985

Moraw, Peter: Kaiser Karl IV. im deutschen Spätmittelalter. – In: Historische Zeitschrift, München 229 (1979) 1, S. 1–24

Neubert, Karel; Stejskal, Karel: Karl IV. und die Kultur und Kunst seiner Zeit. – Praha, 1978

Die Parler und der schöne Stil 1350–1400: Europäische Kunst unter den Luxemburgern. – Bd. 1-4/hrsg. von Anton Legner. – Köln, 1978–1980

Seibt, Ferdinand: Karl IV.: Ein Kaiser in Europa 1346 bis 1378. – München, 1978

Spěváček, Jiří: Karl IV.: Sein Leben und seine staatsmännische Leistung. – Berlin, 1979

Thomas, Heinz: Deutsche Geschichte des Spätmittelalters 1250–1500. – Stuttgart, 1983 [über Karl IV. S. 218–308]

Bücher und Studien zum Hofe Karls IV.

Karl IV. und sein Kreis/hrsg. von Ferdinand Seibt. – München; Wien, 1978

Klapper, Josef: Johannes von Neumarkt, Bischof und Hofkanzler: Religiöse Frührenaissance in Böhmen zur Zeit Kaiser Karls IV. – Leipzig, 1964

Macek, Josef: Pétrarque et Cola di Rienzo. – In: Historica XI. – Praha, 1965, S. 5–51

Moraw, Peter: Monarchie und Bürgertum. – In: Kaiser Karl IV.: Staatsmann und Mäzen/hrsg. von Ferdinand Seibt. – München, 1978, S. 43-50, S. 285–292

Moraw, Peter: Zur Mittelpunktsfunktion Prags im Zeitalter Karls IV. – In: Europa slavica – Europa orientalis: Festschrift für Herbert Ludat zum 70. Geburtstag/hrsg. von Klaus Detlev Grothusen und Klaus Zernack. – Berlin (West), 1980, S. 445–489

Patze, Hans: Die Hofgesellschaft Kaiser Karls IV. und Wenzels IV. in Prag. – In: Kaiser Karl IV. 1316–1378: Forschungen über Kaiser und Reich/hrsg. von Hans Patze. – Göttingen, 1978, S. 733–774

Winter, Eduard: Frühhumanismus: Seine Entwicklung in Böhmen und deren europäische Bedeutung für die Kirchenreformbestrebungen im 14. Jahrhundert. – Berlin, 1964

Zitatquellen

Chronicon Benessii de Weitmil/hrsg. von Josef Emler. – In: Fontes rerum Bohemicarum IV. – Praha, 1884, S. 526, 536 und 542 f.

Historia Mattei Villani/hrsg. von Ludovico Antonio Muratori. – In: Rerum Italicarum scriptores. – Bd. 14. – Mediolani, 1729, Spalte 288–289

Johannis Neplachonis abbatis Opatovicensis Chronicon breve Romanum et Bohemicum/hrsg. von Josef Emler. – In: Fontes rerum Bohemicarum III. – Praha, 1882, S. 482 ff.

Johann von Jensteins »Libellus de fuga mundi«/hrsg. von Konstantin Höfler. – In: Fontes rerum Austriacarum – Scriptores 2. – Wien, 1856, S. 13

Petrarcas Briefwechsel mit deutschen Zeitgenossen/hrsg. von Konrad Burdach und Paul Pius. – In: Vom Mittelalter zur Reformation: Forschungen zur Geschichte der deutschen Bildung. – Bd. VII. – Berlin, 1933

Vita Caroli Quarti. Die Autobiographie Karls IV./Einführung, Übersetzung und Kommentar von Eugen Hillebrand. – Stuttgart, 1979, Kap. III und VIII, S. 27 und 71

Bildnachweis

Die geradestehenden Zahlen verweisen auf Abbildungen im Textteil, die kursiven auf Nummern im Bildteil.

Alinari, Florenz: S. 22

Bibliothèque Nationale, Paris: S. 111 / *29, 30, 31*

Bildarchiv Preußischer Kulturbesitz, Berlin (West): / *44*

Foto Marburg: S. 37, 87, 107, 164

Giraudon, Paris: / *4*

Hessische Landes- und Hochschulbibliothek, Darmstadt: S. 154

Münchow, Ann, Aachen: S. 131 / *24, 25, 26*

Österreichische Nationalbibliothek, Wien: S. 61, 100, 101, 109, 125, 156 / *15, 20, 28*

Paul, Alexander, Prag: S. 14 l; r. 27, 36, 59, 70, 75, 77, 104, 132, 133, 134, 135, 146, 147, 151, 153, 158, 159 / *1, 2, 3, 5, 6, 7, 8, 9, 18, 22, 23, 32, 33, 36, 37, 38, 39, 40, 41, 42, 43, 45*

Paul, Prokop, Prag: S. 29, 50, 54, 56, 57, 65, 66, 71, 79, 84, 88, 94, 110, 126, 129, 157 / *11, 12, 13, 14, 19, 21, 34, 35, 46*

Plath, Sylvia-Marita, Leipzig: / *27*

Rheinisches Bildarchiv, Köln: S. 162

Sächsische Landesbibliothek, Abt. Deutsche Fotothek, Dresden: S. 32, 93, 99

Universitätsbibliothek Heidelberg: S. 150

Urbánek, Gabriel, Prag: S. 103 / *16, 17*

Wenzel, Marion, Leipzig: S. 31

Verlagsarchiv: S. 13

REGISTER